W0077036

Gib STOFF!

Über 40 schnittige Nähprojekte

Wohnen

Für mich

Taschen

Geschenke

Für Kids

Wohnen

PUZZLE-KISSEN

Zum Sitzen oder Spielen

1 Bei Ober- und Unterseite an allen Innenrundungen die NZG einschneiden. Schrägband an einer Längskante auffalten und r-a-r auf die Kissenoberseite legen, dabei an einer geraden Kante mittig beginnen: Den Bandanfang 1 cm breit nach innen umfalten, Längskante bis kurz vor der ersten Ecke bündig feststecken. Genau 1 cm vor der Ecke das Schrägband knapp 1 cm tief einschneiden (siehe Zeichnung). Arbeit um 90° drehen, Kanten fortlaufend zusammenstecken und die weiteren Ecken ebenso arbeiten. Am Ende das Band 1 cm über den Bandanfang legen.

2 Das Schrägband im Falz bzw. 1 cm breit festnähen, jeweils exakt nahtzugabenbreit vor der Ecke stoppen, die Nadel bleibt im Stoff. Den Nähfuß anheben, die Arbeit um 90° drehen, den Fuß wieder senken und so ringsum weiternähen.

3 Beim Schrägband die andere Längskante genau an den gegenüberliegenden Stellen der bereits eingeschnittenen und festgenähten Kante einschneiden (siehe Zeichnung). Diese Kante r-a-r auf die Kissenunterseite stecken und bis auf die Wendeöffnung festnähen. Die NZG auseinanderstreichen, an den Außenrundungen zurückschneiden, die Ecken abschrägen.

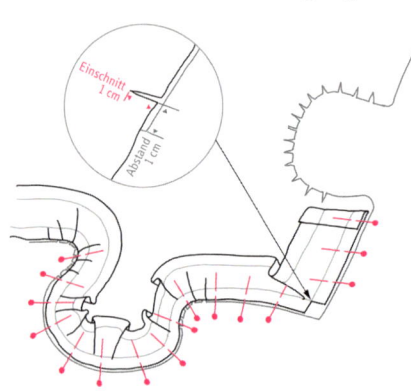

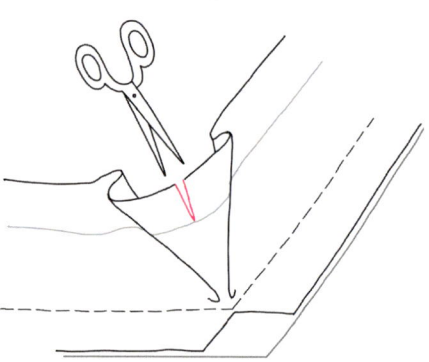

GRÖSSE

ca. 37 cm x 39 cm bis 37 cm x 44 cm, 5 cm hoch

MATERIAL

* **Stoff 1: Baumwollstoff in Gelb, 100 cm x 45 cm**
* **Stoff 2: Baumwollstoff in Türkis, 85 cm x 45 cm**
* **Stoff 3: Baumwollstoff in Dunkelgrau, 85 cm x 45 cm**
* **Stoff 4: Baumwollstoff in Hellgrau, 85 cm x 45 cm**

Pro Kissen

* **Vorgefalztes Schrägband in Hellgrau/Türkis/Gelb/Dunkelgrau, 20 mm breit, 2,20 m lang**
* **Füllwatte, 140–150 g**

SCHNITTMUSTERBOGEN A

ZUSCHNITT

Bei den Schnittteilen ringsum 1 cm NZG hinzufügen. Teile A, B und C im Stoffbruch zuschneiden.

Pro Kissen

Stoff 1

> **1x Schnittteil A–D (Unterseite)**

Stoff 2–4

> **1x Schnittteil A–D (Oberseite)**

4 Das Kissen wenden, die Ecken ausformen und mit Füllwatte ausstopfen. Die Öffnung von Hand schließen.

ZUM ZUSAMMENNÄHEN von stark gerundeten Stoffteilen empfiehlt es sich, Stichlänge 2 einzustellen, denn ein kürzerer Stich passt sich Rundungen besser an.

SOFAKISSEN
Gemütliche Kuschelecke

1 Die Kissenhülle an den Schmalkanten jeweils zweimal 1 cm nach links einbügeln und knappkantig absteppen.

2 Beide Kreise (Stoff 1 und Stoff 2) r-a-r aufeinanderstecken, rundum 1 cm breit zusammennähen, dabei ca. 10 cm zum Wenden offen lassen. Die NZG rundum zurückschneiden bzw. kleine Dreiecke daraus ausschneiden.

3 Kreis wenden, Naht ausbügeln und Wendeöffnung bis auf 2 cm schließen. Für den Tunnelzug 2 cm breit an der Außenkante des Kreises absteppen.

4 Für das Bindeband den Stoffstreifen längs l-a-l zur Hälfte bügeln, aufklappen, beidseitig die Längskanten zur Mittellinie bügeln und nochmals die Längskanten aufeinanderbügeln. Die Enden abschrägen und die NZG nach links einbügeln. Das Bindeband rundum knappkantig absteppen.

5 Eine Kreisschablone von ø 30 cm herstellen. Schablone mittig auf den genähten Kreis (Sternenseite oben) legen und den Umfang anzeichnen. Den Stoffkreis mittig auf der Kissenhülle platzieren, feststecken und entlang der Markierungslinie aufsteppen. Dabei darauf achten, dass die Öffnung für den Tunnelzug zur Seite zeigt.

6 Danach die Schmalkanten der Kissenhülle r-a-r so übereinanderschlagen, dass ein 50 cm x 52 cm großes Quadrat entsteht. Die offenen Kanten aufeinanderstecken und zusammennähen. Die Kanten versäubern und die Hülle wenden. Die Nähte ausbügeln.

7 Bindeband mit einer Einziehhilfe durch den Tunnelzug des Kreises ziehen, Kreisüberstand zusammenziehen, sodass ein Ring entsteht, und die Enden zur Schleife binden. Dabei sollte die Schleife zur Seite zeigen.

8 Für die Blume aus den quadratischen Blütenblättern nach Herstelleranleitung der Clover-Schablone eine Rüschenblume anfertigen und neben der Schleife von Hand auf das Kissen nähen.

GRÖSSE
50 cm x 50 cm

MATERIAL
* **Stoff 1: Baumwollstoff in Grau mit Sternen, 120 cm x 140 cm**
* **Stoff 2: Baumwollstoff in Weiß/Grau mit Wellen, 60 cm x 60 cm**
* **Stoff 3: Baumwollstoff in Grau mit Blumen, 12 cm x 120 cm**
* **Clover-Schablone für Rüschenblumen, Größe M**

ZUSCHNITT
Wenn nicht anders angegeben, ist 1 cm NZG für den Zuschnitt bereits enthalten.

Stoff 1
> **1x Kreis, ø 60 cm**
> **1x Streifen, 140 cm x 6 cm**
> **1x Kissenhülle, 52 x 124 cm**

Stoff 2
> **1x Kreis, ø 60 cm**

Stoff 3
> **ca. 10 Quadrate, 12 cm x 12 cm**

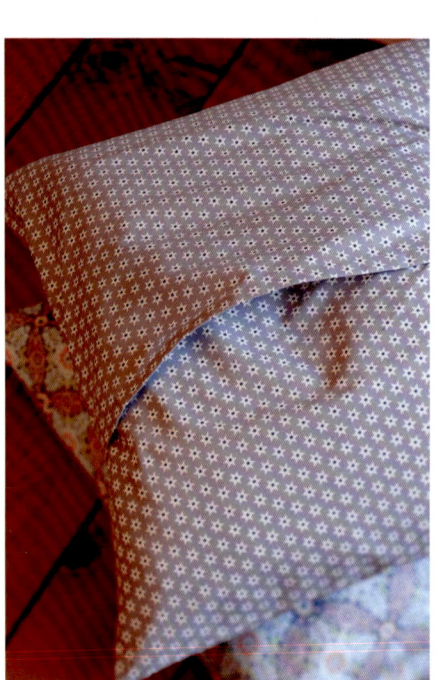

COFFEE COZY

Um den Coffee2go gewickelt!

1 Vor dem Zuschneiden den Stoff waschen, um ein späteres Schrumpfen zu vermeiden. Mit dem Kleberoller die linke Stoffseite von Stoff 2 an einigen Stellen einstreichen. Thermolam® darauf fixieren. So kann beim späteren Nähen nichts verrutschen.

2 Vom Flauschband des Klettbandes ein 5,5 cm langes Stück abschneiden und die Rückseite mit etwas Klebstoff aus dem Kleberoller versehen. Flauschband gemäß Schnittmuster auf die rechte Stoffseite von Stoff 2 kleben. Nun liegt der Stoff zwischen Vlieseinlage und Flauschband. Flauschband am Rand festnähen, so werden alle drei Materialschichten miteinander verbunden.

3 Stoff 1 r-a-r auf Stoff 2 legen, das Flauschband liegt nun zwischen den Stoffschichten. Den äußeren Rand absteppen, dabei im unteren Bogen eine Wendeöffnung lassen. Am Anfang und Ende die Naht mit einigen Rückstichen sichern. Den oberen Rand der Kaffee-Manschette ca. alle 15 mm v-förmig einschneiden, die Ecken abschneiden und den unteren Rand ca. alle 12 mm einschneiden. Beim Einschneiden darauf achten, dass die Naht nicht durchgeschnitten wird, sondern der Schnitt ca. 2 mm vorher endet.

4 Die Kaffee-Manschette durch die Öffnung auf rechts wenden, überstehenden Stoff an der Wendeöffnung nach innen schieben und alle Ränder vorsichtig ausstreichen. Dabei darauf achten, dass das Futter nicht verrutscht. Die Manschette flach bügeln und den Rand knappkantig (also ca. 2–3 mm vom Rand) absteppen. Dabei die Wendeöffnung gleich mit schließen.

5 Vom Hakenband zwei 3,5 cm lange Stücke abschneiden, die Rückseite mit Klebstoff versehen und gemäß Schnittmuster auf Stoff 1 kleben; Haken- und Flauschband befinden sich nun auf unterschiedlichen Seiten und an den entgegengesetzten Enden der Manschette. Beide Hakenbandstücke am Rand festnähen.

GRÖSSE
30 cm x 6 cm

MATERIAL
* **Stoff 1:Baumwollstoff in Blau oder Rot gemustert, 35 cm x 12 cm**
* **Stoff 2:Baumwollstoff in Blau oder Rot, 35 cm x 12 cm**
* **Vlieseinlage: Thermolam®, 30 cm x 10 cm, oder Bodenwischtuch, Rest**
* **Klettband in passender Farbe, 2 cm breit, 8 cm lang**
* **Kleber zum Fixieren des Thermolams® (z.B. Kleberolle aus der Fotoecke des Drogeriemarktes oder professioneller Sprühzeitkleber; der klebt prima und löst sich nach einiger Zeit selbst auf)**

SCHNITTMUSTERBOGEN A

ZUSCHNITT
Die NZG für die Kaffee-Manschette ist bereits im Schnittmuster eingezeichnet. Die Vlieseinlage Thermolam® wird ohne NZG zugeschnitten.

Stoff 1 + 2
> **Je 1x Schnittteil „Kaffee-Manschette"**

Vlieseinlage
> **1x Schnittteil „Kaffee-Manschette" (verkleinertes Schnittmuster)**

THERMOLAM® ist eine dünne, aber feste und hitzebeständige Vlieseinlage. Das passende Material also, um sich nicht die Finger am Coffee2go zu verbrennen. Leider kann man ihn nicht aufbügeln, sondern nur annähen oder festkleben. Bodenwischtücher sind ebenfalls aus Vlies und eignen sich als günstige – aber nicht ganz so haltbare – Alternative zum Füttern. Verarbeitet werden sie in diesem Fall wie Thermolam®, sollten jedoch vorher gewaschen werden, da sie einlaufen.

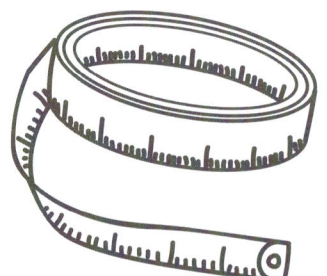

GUT ORGANISIERT!

Alles an seinem Platz

1 Alle Schnittteile glatt bügeln und säumen. Das Vlies jeweils auf die linke Seite folgender Stoffe bügeln: HT, A, B, D, E (vorderes und hinteres Stoffstück) sowie beide Aufhänger.

2 Für die Taschenteile A und B die Bordüre und die Spitzenborte je auf das Vorderteil des Stoffes nähen. Die obere Kante des Vorder- und Rückenteils r-a-r zusammennähen, wenden und glatt bügeln. Restliche Kanten zusammennähen, dabei bei Teil B an der unteren Kante eine Wendeöffnung frei lassen. Stoff wenden, offene Kante nach innen schlagen und glatt bügeln.

3 Für die Taschenteile C und D Stoff r-a-r zusammennähen, dabei die rechte Kante als Wendeöffnung offen lassen. Stoff wenden und glatt bügeln. Schrägbänder falten und zusammennähen. Beide Bänder an die rechte Kante nähen. Druckknöpfe nach Herstelleranleitung an Band und Stoff anbringen.

4 Für Taschenteil E die Kanten des vorderen und hinteren Teils r-a-r zusammennähen, dabei die untere Kante als Wendeöffnung offen lassen. Stoff wenden, offene Kante nach innen schlagen und glatt bügeln. Vorder- und Rückseite r-a-r zusammennähen. Druckknöpfe mittig aufbringen.

5 Für die Aufhänger die Kanten von Vorder- und Rückseite r-a-r zusammennähen, dabei die untere Kante als Wendeöffnung aussparen. Stoff wenden, offene Kante nach innen schlagen und glatt bügeln. 2 Druckknöpfe an den Kanten anbringen, das Gegenstück jeweils an die gegenüberliegende Kante.

6 Die fertigen Taschenteile auf das Hauptteil nähen. 3 Bordüren aufnähen. An die unterste Bordüre 5 cm von der rechten Kante entfernt die Karabinerhaken nähen. Das hintere Hauptteil r-a-r darauflegen und zusammennähen, dabei die untere Kante als Wendeöffnung offen lassen. Das Utensilo wenden und alle Kanten einfassen.

GRÖSSE
ca. 80 cm x 35 cm

MATERIAL
- Stoff 1: Baumwollstoff in uni Türkis, 150 cm x 50 cm
- Stoff 2: Baumwollstoffe in Türkis mit weißen Tupfen, 100 cm x 50 cm
- Stoff 3: Baumwollstoffe in Türkis mit blauen Tupfen, 100 cm x 50 cm
- Vlieseinlage: Bügelvlies, 2 m x 2 m
- Bordüre mit Blüten, 1 m lang
- Bordüre in Türkis mit Punkten, 1 m lang
- Schrägband in Türkis mit Punkten, 1 m lang
- Spitzenborte in Weiß, 1 m lang
- 7 Druckknöpfe in Türkis, ø 1 cm (mit passendem Werkzeug)
- 2 Karabinerhaken, 5 cm lang
- Kleiderhaken

ZUSCHNITT

Stoff 1
> 2x Schnittteil HT, 72 cm x 34 cm
> 2x Schnittteil C, 14 cm x 16 cm
> 2x Schnittteil E, 12 cm x 15 cm
> 2x Schnittteil „Aufhänger", 10 cm x 10 cm

Stoff 2
> 2x Schnittteil A, 21 cm x 34 cm
> 2x Schnittteil D, 19,5 cm x 12 cm
> 2x Schnittteil E (vorderes und hinteres Stoffstück), 12 cm x 15 cm

Stoff 3
> 2x Schnittteil B, 10 cm x 11,5 cm
> 2x Schnittteil „Aufhänger", 10 cm x 10 cm

Vlieseinlage
> Je 1x Schnittteil HT, A, B, D
> Je 2x Schnittteil E und „Aufhänger"

SKIZZE SEITE 125

DREI FUCHSFREUNDE

Lustige Eierwärmer für alle Fälle

1 Die Baumwollteile für den Bauch mit Vliesofix auf das vordere Körperteil des Fuchses aufbügeln.

2 Beide Körperteile mit hellbraunem Sticktwistfaden I-a-I im Vorstich zusammennähen.

3 Die weißen Teile des Gesichts mit Textilkleber auf den Fuchs kleben. Darüber die Nase kleben.

4 Den Schwanz vorne oder hinten mit Textilkleber auf den Fuchs kleben.

5 Die Augen mit schwarzem Plusterpen aufmalen und den Punkt auf der Nase mit weißem Stift, alles gut trocken lassen. Die Wangen röten.

GRÖSSE

ca. 13 cm hoch

MATERIAL

Pro Fuchs

* **Stoff 1: Filz in Rotbraun, Grau oder Grau meliert, 1–2 mm stark, 15 cm x 20 cm**
* **Stoff 2: Filz in Weiß, Rest**
* **Stoff 3: Filz in Schwarz, Rest**
* **Stoff 4: Baumwollstoffe in Bunt gemustert (z.B. Quiltstoffe), Reste**
* **Vliesofix, Rest**
* **Sticktwist in Hellbraun**
* **Textilkleber**
* **Plusterpen in Schwarz und Weiß**
* **Buntstift in Rot**

SCHNITTMUSTER SEITE 123

ZUSCHNITT

Stoff 1
> **2x Schnittteil „Körper"**
> **1x Schnittteil „Schwanz"**

Stoff 2
> **Je 1x Schnittteil „Gesicht"**

Stoff 3
> **1x Schnittteil „Nase"**

Stoff 4
> **1x Schnittteil „Bauchteil"**

Vliesofix
> **1x Schnittteil „Bauchteil"**

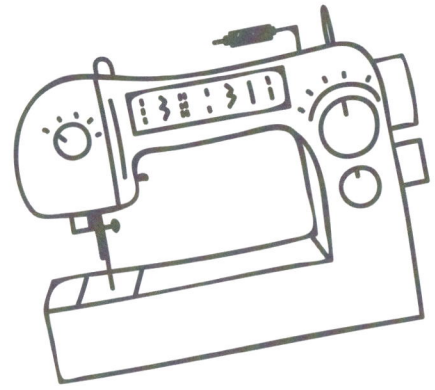

DIE VARIANTE DES FUCHSES mit dem Schwanz hinten kann alleine stehen, wenn man ihn auf etwas Kleines und Rundes, wie z. B. ein 2 cm hohes Stück Papprolle (Küchen- oder Klopapierrolle), setzt. So lässt sich auf der Fensterbank eine witzige und ganz bunte Fuchsparade aufbauen.

QUILT
Zieht alle Blicke auf sich

GRÖSSE
110 cm x 133 cm

MATERIAL

✴ **Stoff 1 (Dreiecke): Baumwollstoffe in verschiedenen Grau-, Beige-, Creme- und Weißtönen, insgesamt mindestens 200 cm x 200 cm**

✴ **Stoff 2 (weißer Rand): Baumwollstoff in Weiß, 140 cm x 30 cm**

✴ **Stoff 3 (grauer Rand): Baumwollstoff in Mittelgrau, 140 cm x 50 cm**

✴ **Stoff 4 (Rückseite): Baumwollstoff in Dunkelgrau, 140 cm x 160 cm**

✴ **Vlieseinlage: Vlieseline H640, 115 cm x 140 cm**

SCHNITTMUSTERBOGEN A

ZUSCHNITT

Die Schnittteile für die Dreiecke und die Ecken sind jeweils inklusive NZG. Die spitze Ecke der NZG ist bereits abgeschnitten, so lassen sich die Zuschnitte am Rand direkt aufeinanderlegen und mit der angegebenen NZG von 1 cm nähen.

Stoff 1
Dunkel gemustert

> **76x Schnittteil „Dreieck" mit Spitze nach oben**

> **10x Schnittteil „Ecke" mit Spitze nach oben (5x normal, 5x spiegelverkehrt)**

Hell gemustert

> **77x Schnittteil „Dreieck" mit Spitze nach unten**

> **8x Schnittteil „Ecke" mit Spitze nach unten (4x normal, 4x spiegelverkehrt)**

Stoff 2
4x Stoffstreifen, 140 cm x 5 cm

Stoff 3
4x Stoffstreifen, 140 cm x 10 cm

Stoff 4
1x Rechteck, 140 cm x 160 cm

Vlieseinlage
1x Rechteck, 115 cm x 140 cm

HINWEIS: Für den Quilt benötigen Sie die angegebene Anzahl an Dreiecken und Ecken, also „halben Dreiecken". Sie können einige Teile mehr zuschneiden, damit Sie sie dann etwas freier anordnen können. Am Ende werden die Dreiecke aus dunklen Stoffen nach oben zeigen, die Dreiecke aus hellen Stoffen nach unten.

1 Jeweils 1 helles und 1 dunkles Dreieck so r-a-r legen, dass die Spitze des hellen Dreiecks nach unten, die Spitze des dunklen Dreiecks nach oben zeigt. An einer langen Seite zusammennähen, aufklappen und flach bügeln. So mit allen Dreiecken verfahren. Anschließend immer 2 der bereits zusammengenähten Stücke r-a-r legen und an einer langen Seite zusammennähen. Auf diese Weise 9 gleich lange Reihen aus Dreiecken nähen. Darauf achten, dass die Reihen immer abwechselnd mit einem hellen und einem dunklen Dreieck beginnen. Die Dreiecke aus dunklen Stoffen sollen am Ende nach oben zeigen, die Dreiecke aus hellen Stoffen nach unten.

2 Am Ende der Reihe „halbe Dreiecke" annähen. Dazu die Ecken mit der längsten Kante r-a-r auf die Dreiecke legen und zusammennähen. Dabei immer eine dunkle Ecke auf ein helles Dreieck folgen lassen und umgekehrt. Die Nähte flach bügeln.

3 Sie erhalten 5 Reihen mit jeweils 8 dunklen und 9 hellen Dreiecken sowie je 2 Endstücken und 4 Reihen mit je 8 hellen und 9 dunklen Dreiecken sowie je 2 Endstücken.

4 Die 9 Reihen an den langen Kanten r-a-r zusammennähen. Dabei darauf achten, dass immer abwechselnd 2 fertige Streifen mit mehr dunklen und mehr hellen Dreiecken aufeinandertreffen. Die Nähte öffnen und flach bügeln.

5 Die weißen Stoffstreifen r-a-r auf die langen Kanten des Quiltstücks legen. Den Rand zusammennähen, die Nähte aufklappen und flach bügeln, überstehende Enden zurückschneiden. Anschließend am oberen und unteren Rand weiße Stoffstreifen annähen. Die Streifen an den kurzen Seiten einfach über die Streifen an den langen Seiten nähen.

6 Die grauen Stoffstreifen wie in Schritt 5 beschrieben an die Ränder der weißen Streifen nähen.

7 Vlieseline nach Herstellerangaben auf die linke Seite des Quiltstücks aufbügeln, überstehende Ränder der Vlieseline abschneiden. Das Quiltstück als Vorderseite l-a-l auf das Rechteck für die Rückseite legen.

8 Den Rückseitensoff an allen vier Seiten jeweils 5 cm überstehen lassen, den darüber hinausstehenden Stoff abschneiden. Den Rand des Rückseitenstoffs an allen vier Seiten zweimal 2,5 cm nach links bügeln. Er liegt dann über dem grauen Stoffrand. Die gebügelten Falten öffnen und eine Briefecke (siehe Seite 121) nähen. Die Rückseitenränder wieder über die Vorderseite klappen, dort auf dem Rand feststecken und festnähen. Alle Nähte einige Millimeter neben der Naht noch einmal nachnähen. Dadurch ergibt sich die Struktur des Quilts.

DEN QUILT KÖNNEN SIE natürlich nach Wunsch vergrößern. Dafür einfach die Reihen aus Dreiecken verlängern bzw. weitere Reihen aus Dreiecken anfügen. Dadurch erhöht sich jedoch der Stoff- und Vlieseinlagenverbrauch. Beim Einkaufen also gleich mehr Stoff mitnehmen.

TISCH-LÄUFER

Mit feiner Spitzenbordüre

GRÖSSE

ca. 150 cm x 40 cm

MATERIAL

* **Stoff 1: Baumwollstoff in Bunt gestreift, 45 cm x 115 cm**
* **Stoff 2: Baumwollstoff mit Rosenmuster, 45 cm x 115 cm**
* **Stoff 3: Baumwollstoff in Hellgrün gepunktet, 45 cm x 90 cm**
* **Lochstickerei-Bordüre in Weiß, ca. 3 cm breit, 90 cm**

ZUSCHNITT

Stoff 1

> 1x Mittelteil, 114 cm x 42 cm

Stoff 2

> 1x Mittelteil, 114 cm x 42 cm

Stoff 3

> 4x Streifen, 21 cm x 42 cm

SKIZZE SEITE 124

1 Die Lochstickerei-Bordüre r-a-r an je 1 Streifen aus Stoff 3 annähen. Die Streifen mit Bordüre und das Mittelteil aus Stoff 2 r-a-r an der kurzen Kante zusammennähen. Die Naht so ausbügeln, dass die Bordüre auf Stoff 3 liegt.

2 Die beiden andere Streifen aus Stoff 3 r-a-r an die kurzen Kanten von Stoff 1 nähen und die NZG flach auseinanderbügeln.

3 Nun beide Läuferteile r-a-r heften und rundherum bis auf eine Wendeöffnung von ca. 10 cm zusammennähen. Die NZG zurückschneiden. Den Läufer wenden und bügeln und die Wendeöffnung mit kleinen Handstichen schließen.

LESEZEICHEN

Schnell gemacht für
ungestörtes Lesevergnügen

1 Aus Papier einen Schnittmuster von der Nahtlinie des Schnittteils anfertigen. Den Stoff vor dem Verarbeiten waschen, um ein Einlaufen zu verhindern.

2 Die Vlieseline auf die linke Seite von Stoff 1 oder 2 bügeln.

3 Den Papierzuschnitt auf die Vlieseline legen und die Linie mit einem spitzen Bleistift umfahren. Das erleichtert das spätere Nähen, und nach dem Zusammennähen verschwindet die kleine Zeichnung im Futter.

4 Beide Stofflagen r-a-r aufeinanderlegen: Die schönen Stoffseiten zeigen zueinander und die Vlieseinlage mit der Zeichnung liegt außen. Beide Stofflagen mit Stecknadeln aneinanderheften und den äußeren Rand zusammennähen, dabei gemäß Schnittmuster eine Wendeöffnung lassen.

5 Die äußeren Ecken gemäß Abbildung abschneiden, die inneren v-förmigen Ecken einschneiden. So kann sich nach dem Wenden in den Ecken keine Wulst bilden. Danach auf rechts wenden, die Nähte mit dem Fingernagel ausstreichen, den Stoff an der Wendeöffnung nach innen schlagen und die Ecken mit einem spitzen Gegenstand (z.B. einem Schraubendreher) vorsichtig rausdrücken. Flach bügeln.

6 Den äußeren Rand des Lesezeichens nochmals knapp am Rand absteppen. Die Metallöse gemäß Schnittmuster und Herstellerangaben anbringen. Ein Dekoband oder eine schmale Kordel durch die Öse ziehen und befestigen.

HINWEIS: Die Packungen mit den Ösen enthalten meist Anleitung und Werkzeug zum Befestigen der Ösen. Ein Hammer wird zusätzlich benötigt.

WER KEINE METALLÖSE am Lesezeichen haben möchte, näht beim Zusammennähen gleich die Dekobänder mit ein. Dafür einfach 2 kurze Stücke Dekoband abschneiden und zwischen die beiden Stofflagen legen: Das längere Ende des Bandes zeigt zur Mitte. Das Lesezeichen wie in Schritt 4–6 zusammennähen.

MIT EINER AUSSAGE, wie z.B. »Leselust« lässt sich das Lesezeichen am besten vor dem Nähen versehen. Dafür den Schriftzug abpausen und mit einem Rest Klebestreifen hinter den Stoff kleben. Den Schriftzug mit dem Bleistift durchpausen, dann den Stoff in einen Stickrahmen einspannen und die Linien mit einem einfachen Steppstich nachsticken.

AUS STOFFRESTEN kann man ein Patchwork-Lesezeichen fertigen. Immer 2 Stücke Stoff r-a-r legen, die Kante zusammennähen und die NZG auseinanderbügeln. Anschließend den nächsten Stoffrest annähen. Das Schnittmuster auf das Patchworkteil legen und die Ränder abzeichnen. Das Lesezeichen zuschneiden und wie beschrieben nähen.

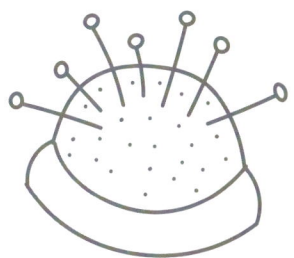

KNIETABLETT
Für das Frühstück im Bett

HINWEIS: Für den Zuschnitt wird der Rahmen als Vorlage verwendet.

1 Für die Tabletteinlage Stickvlies von links auf den Stoff und Applikationsfolie jeweils nach Herstellerangaben von links auf die Hundemedaillons bügeln. Die Medaillons jeweils mit einem 0,5 cm breiten roten Rand ausschneiden. Mit 1 cm Abstand zueinander mittig auf die Tabletteinlage bügeln und rundum absteppen.

2 Flechtband in Form einer quer gelegten Acht an den Schnittkanten feststecken. Dabei mittig zwischen den Medaillons beginnen und das Ende unter das Band schieben.

3 Für die Tragegriffe das Baumwollband halbieren und die Enden jeweils mit Knoten fixieren. Den Bilderrahmen komplett auseinanderbauen und die Tragegriffe jeweils mittig an den Schmalkanten auf der Glasvorderseite platzieren, sodass die Knoten nach außen zeigen. Das Glas wieder in den Rahmen einlegen, dabei werden die Griffe fixiert. Die Tabletteinlage mit der rechten Seite nach oben auf das Glas legen und dann mit der Rückwand fixieren.

4 Für das Tablettunterteil die Ecken abnähen: Dafür die durchs Anzeichnen entstandenen Quadrate r-a-r jeweils zur Spitze übereinanderlegen und ein Dreieck entlang der eingezeichneten Markierung abnähen. Das Dreieck jeweils zur Mitte bügeln.

5 Die obere Schnittkante rundum 1 cm nach links einbügeln. Das Kisseninlet in das Unterteil legen und das Unterteil mit dem Tacker rundum an der Bilderrahmen-Außenkante fixieren.

6 Baumwollband mit Textilkleber rundum über der getackerten Kante aufkleben und das Ende einschlagen.

GRÖSSE
30 cm x 40 cm

MATERIAL
* **Stoff 1: Baumwollstoff in Rot mit Blümchen, 55 cm x 65 cm**
* **Stoff 2: Baumwollstoff in Rot mit Hundemedaillons, Rest (2x Hundemotiv)**
* **Stickvlies (Ultra Stable), 35 cm x 45 cm**
* **Aufbügelbare Applikationsfolie, Rest**
* **Flechtband in Weiß, 6 mm breit, 50 cm**
* **Baumwollband in Rot/Weiß gemustert, 15 mm breit, 260 cm**
* **Bilderrahmen in Weiß, 30 cm x 40 cm**
* **Kisseninlet, 30 cm x 40 cm**
* **HT2 Textilkleber**
* **Möbeltacker**

ZUSCHNITT
Wenn nicht anders angegeben, ist 1 cm NZG für den Zuschnitt bereits enthalten.

Stoff 1

> **1x Tablettunterteil: Den kompletten Rahmen auf den Stoff legen und entlang der Außenkanten aufzeichnen. Rundum 10 cm hinzufügen und die Rahmenaußenkanten in der Verlängerung markieren, sodass an den Ecken Quadrate entstehen.**

> **1x Tabletteinlage: Rahmenrückwand als Vorlage**

Stoff 2

> **2x Hundemedaillons, 10 cm x 8 cm**

Stickvlies

> **1x Tabletteinlage: Rahmenrückwand als Vorlage**

Applikationsfolie

> **2x Hundemedaillons, 10 cm x 8 cm**

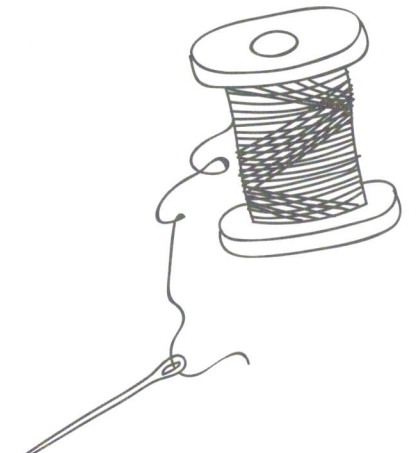

IST IHR KISSENINLET ZU BREIT,
können Sie es auf das entsprechende Maß kürzen: Dafür eine Schmalkante auftrennen, etwas Füllmaterial herausnehmen, Stoff auf 40 cm Breite kürzen und die offene Kante zusammen versäubern.

DEKOVÖGEL
Geflügelte Dekoration

GRÖSSE
14 cm bzw. 16 cm lang

MATERIAL
PRO VOGEL
* **Baumwollstoff in 2 unterschiedlichen Mustern und Farben, Reste**
* **2 Rocailleperle, ø 2,2 mm**
* **HT2 Textilkleber**
* **Füllwatte**
* **Perlonfaden**

Fliegende Vögel
* **Vlieseline H 250, Rest**

Sitzender Vogel
* **Runder Holz-Stickrahmen, ø 16 cm**

SCHNITTMUSTERBOGEN A

ZUSCHNITT
Bei den Stoffteilen müssen ringsum 0,75 cm NZG hinzugefügt werden.

Stoff 1
> **2x Körper A**
> **4x Flügel B (davon 2x spiegelverkehrt)**

Stoff 2
> **1x Bauch C**

Vlieseline (fliegende Vögel)
> **2x Flügel B (davon 1x spiegelverkehrt), nur an der geraden Kante NZG hinzufügen**

FLIEGENDER VOGEL

1 Vlieseline auf die Rückseiten der Flügel bügeln. Flügel r-a-r aufeinanderstecken und bis auf die gerade Kante (= Wendeöffnung) zusammennähen. NZG zurückschneiden. Flügel wenden.

2 Die Körperteile r-a-r aufeinanderlegen, Flügel zwischen die Stoffteile schieben, sodass die NZG zwischen den markierten Stellen liegt. Körperteile zusammennähen. Bauchteil festnähen, Vogel wenden und wie beim sitzenden Vogel beschrieben ausstopfen.

3 Ggf. die Flügel vorne, direkt über der Ansatznaht, mit wenigen Handstichen zusammennähen, um sie in Form zu bringen. Den Vogel mit Perlonfaden aufhängen.

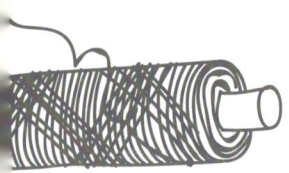

SITZENDER VOGEL

1 Die Körperteile r-a-r aufeinanderlegen, dann die Kanten zwischen Nahtzahl 1 und 2 aufeinanderstecken und in Pfeilrichtung zusammennähen (der Bauch bleibt vorerst offen). NZG auseinanderstreichen, am Schnabel abschrägen.

2 Die Unterkante des Körpers r-a-r auf den Bauch stecken, an einer Seite die Kanten zwischen den Nahtzahlen 1 und 2 zusammennähen. An der zweiten Seite wiederholen, die Wendeöffnung bleibt offen. NZG zurückschneiden.

3 Den Vogel wenden, ausformen und mit Füllwatte ausstopfen. Öffnung von Hand schließen.

4 Die Flugteile r-a-r aufeinanderstecken und bis auf Wendeöffnung zusammennähen. NZG zurückschneiden. Flügel wenden, Öffnung schließen. Flügeloberkante seitlich am Körper festkleben. Rocailleperlen als Augen befestigen.

5 Den Vogel unten an den Innenring des zusammengesetzten Stickrahmens kleben und den Bauch von Hand so am Ring festnähen, dass der Eindruck von Krallen entsteht. Ring mit Perlonfaden aufhängen.

Für mich

KLEINE LATERNEN

Ein bisschen asiatisches Flair für zu Hause

GRÖSSE

10 cm hoch

MATERIAL

Pro Laterne

* **Stoff 1: Baumwollstoff in Hell-rosa/Blau mit Blumenmotiven, 45 cm x 30 cm**
* **Vlieseinlage: Vlieseline H 250, 70 cm x 15 cm**
* **2 Ösen, ø 4 mm (mit dazugehörigem Werkzeug)**
* **Flechtband in Weiß, 6 mm breit, ca. 45 cm lang**
* **Quaste in Rosa oder Blau, 5 cm lang**
* **HT 2 Textilkleber**
* **Stabiler Karton, 9 cm x 9 cm**
* **Marmeladenglasdeckel, ø ca. 7 cm**

SCHNITTMUSTERBOGEN A

ZUSCHNITT

0,75 cm NZG ringsum ist in den Schnittteilen bereits enthalten.

Stoff 1

> **4x Seitenteil A, Markierung für Stepp-linie auf rechte Stoffseite übertragen**
> **1x Boden B**

Vlieseinlage

> **4x Seitenteil A, seitlich und unten ohne NZG**
> **1x Boden B ohne NZG**

1 Vlieseline jeweils auf die linke Seite der entsprechenden Stoffteile bügeln. Je 2 Seitenteile r-a-r aufein-anderlegen, an einer Seite die Kan-ten aufeinanderstecken und exakt auf der Vlieskante zusammennähen, um diese zu fixieren. Dabei unten nicht über die NZG nähen, sondern erst an Pfeil 1 beginnen. Oben in Pfeilrichtung diagonal über die NZG zur Außenkante nähen (siehe Zeich-nung). Beide zusammengenähten Stoffteile aufklappen, r-a-r legen und die offenen Seitenkanten ebenso zusammennähen. NZG auseinander-streichen.

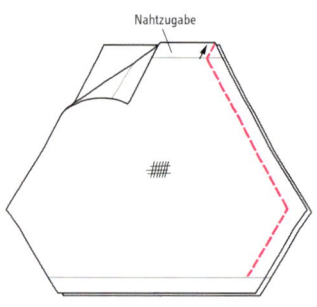

2 Die unteren Kanten der Seiten-teile r-a-r auf den Boden nähen, da-bei vor jeder Ecke exakt nahtzuga-benbreit stoppen (siehe Zeichnung), die Nadel bleibt im Stoff. Den Nähfuß anheben, die Arbeit um 90° drehen, Fuß wieder senken und so ringsum weiternähen.

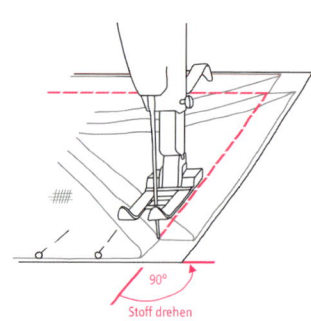

3 NZG an den Bodenecken ab-schrägen und an den Seiten- und Bodenkanten zurückschneiden. Bo-denkanten und untere Kanten der Seitenteile zum Boden hin umlegen und festkleben. Laterne wenden, evtl. von rechts glatt bügeln. Entlang der markierten Bruchlinie jeweils Ober- und Unterteil der Seiten l-a-l legen und durch Stoff- und Vlieslagen rings-um knappkantig absteppen (siehe Zeichnung).

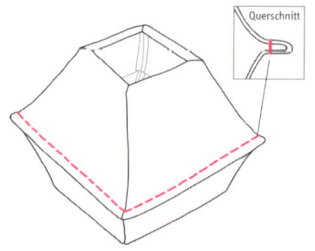

4 An der Oberkante die NZG nach innen umlegen und festkleben. Für den Henkel an zwei gegenüber-liegenden Seiten, 1 cm unterhalb der Oberkante, die Ösen anbringen. Bandenden von innen nach außen durchfädeln und jeweils verknoten.

5 Die Quaste in der Bodenmitte anbringen; die Schlinge mit ein paar Handstichen festnähen. Zuletzt den Deckel mittig auf das Kartonquadrat kleben und dieses als Bodenverstär-kung einlegen. Ein Teelicht in einem kleinen Glas hineinstellen.

SIMPLY BEAUTIFUL

Einfache Kosmetiktasche

GRÖSSE
18 cm x 11 cm

MATERIAL
* Stoff 1: Baumwollstoff in Gelb gemustert, 25 cm x 30 cm
* Stoff 2 (Futter): Baumwollstoff in Grau, 30 cm x 30 cm
* Vlieseinlage: Vlieseline H405, 20 cm x 25 cm
* Reißverschluss in Grau, mindestens 20 cm lang
* Dekoband in Gelb-Weiß kariert, Rest
* Metallanhänger (z.B. Fleur de Lis)

SCHNITTMUSTERBOGEN B

ZUSCHNITT
Stoff 1
> 2x Schnittteil „Kosmetiktasche"

Stoff 2
> 2x Schnittteil „Kosmetiktasche"
> 4x Quadrate für Reißverschlussenden, 4 cm x 4 cm

Vlieseinlage
> 2x Schnittteil „Kosmetiktasche" ohne NZG

1 Vlieseline je auf die linke Stoffseite der gelben Kosmetiktaschenteile bügeln.

2 An jedes Reißverschlussende Stoffquadrate zum Verdecken der Enden nähen. Dafür am Reißverschluss 18 cm (= Taschenbreite) abmessen und die Strecke mit Stecknadeln markieren. Die Stoffstücke r-a-r legen und die Reißverschlussenden so dazwischenschieben, dass die äußeren Kanten der Stoffquadrate auf die Stecknadelmarkierungen treffen. Die Stoffquadrate mit 1 cm NZG an den Reißverschluss nähen. Der Abstand zwischen den Nähten beträgt nun 16 cm (2 cm weniger als Taschenbreite).

3 Die Reißverschlussenden abschneiden und die Stoffquadrate nach außen klappen. Der Reißverschluss trägt nun am Ende in den Ecken der Taschen nicht mehr auf.

4 Den Reißverschluss r-a-r bündig an eine lange Kante eines gelben Taschenteils legen (der Schieber zeigt zum Stoff). Den Reißverschluss annähen, dabei die Naht an jedem Ende 1 cm vor dem Stoffrand beenden.

5 Ein Futterstoffteil r-a-r bündig so auf ein gelbes Taschenteil legen, dass der Reißverschluss zwischen den Stofflagen liegt. Die Stofflagen von der anderen Seite exakt entlang der zuvor genähten Naht zusammennähen. Den Stoff zurückschlagen, sodass der Reißverschluss wieder sichtbar wird, und flach bügeln. Die beiden anderen Stoffteile genauso an die andere Seite des Reißverschlusses nähen. Zum Schluss den Stoff zurückschlagen und die Nähte bügeln.

6 Den Reißverschluss zur Hälfte öffnen. Die Tasche so legen, dass auf der einen Seite des Reißverschlusses die gelben Taschenteile r-a-r aufeinanderliegen und auf der anderen Seite die Futterstoffteile r-a-r. Die Tasche an den Kanten rundherum zusammennähen, dabei eine Wendeöffnung im Futter lassen und nicht über den Reißverschluss nähen, sondern auf jeder Seite die Naht ca. 6 mm vor dem Reißverschluss enden lassen.

7 Die Tasche auf rechts wenden. Den Futterstoff in die gelbe Tasche schieben und alles glatt bügeln. Die Wendeöffnung von Hand schließen.

8 Das Dekoband erst durch den Metallanhänger, dann durch den Reißverschlusszipper ziehen und die Enden verknoten.

TAILLIERTES TOP

Davon nähe ich gleich noch eins

GRÖSSE
36–46

MATERIAL
* Stoff 1: Jerseystoff in Blau/Weiß gemustert, 75 cm x 140–150 cm
* Formband (Vlieseline), 2,0 m

SCHNITTMUSTERBOGEN B

ZUSCHNITT
An allen Schnittkanten ringsherum 1 cm NZG hinzufügen.

Stoff 1
> 1x Schnittteil „Vorderteil" im Stoffbruch
> 1x Schnittteil „Rückenteil" im Stoffbruch

1 Jeweils parallel zu den Webkanten zwei Stoffbrüche legen, die die breiteste Stelle im Schnitt um mindestens 2 cm überragen. Die rechte Stoffseite liegt innen. Das rückwärtige und das vordere Schnittteil an die beiden Stoffbrüche legen und feststecken. Nach dem Zuschneiden die Papierschnittteile entfernen. Die Nadeln, die das Papier festhielten, wieder in beide Stoffteile stecken, damit sie nicht verrutschen.

2 Die gedoppelten Teile auf das Schneiderkopierpapier (Farbseite nach oben!) legen und mit dem Kopierrädchen alle Nählinien und Markierungszeichen durchradeln. So entsteht auf der linken Stoffseite des zweiten Teils eine feine Pünktchenlinie, nach der auch genäht werden kann.

3 Die Stecknadeln entfernen, die Stoffteile aufklappen und mit der linken Seite nach oben auf das Bügelbrett legen.

4 Nun das Formband aufbügeln: Dafür den Faden des Formbandes deckungsgleich auf die Nählinie des Halsausschnittes und beider Armausschnitte legen und anbügeln. Dabei darauf achten, dass der Streifen mit den Klebepunkten auf dem Stoff liegt; vorsichtshalber ein Tuch auf die Teile legen.

5 Vorder- und Rückenteil an allen Schnittkanten mit einem Zickzackstich versäubern. Beide Teile r-a-r aufeinanderlegen und die Schulternähte schließen. Dabei auf dem Vorderteil nähen. Die NZG der Schulternähte auseinanderbügeln.

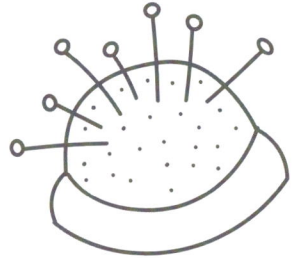

6 Die 1 cm breite NZG des Halsausschnittes und der Armausschnitte auf die linke Seite bügeln und von rechts, füßchenbreit von der Umbruchkante entfernt, feststeppen.

DA ES RELATIV KNIFFELIG IST,
die schmalen NZG für die Ausschnitte zur linken Seite umzuklappen, können Sie sich aus dünner Pappe einen 1 cm breiten Streifen zuschneiden und ihn als Schablone benutzen: Legen Sie den Pappstreifen an die Nählinie der Kante (in diesem Fall der Faden des Formbandes) und schieben Sie die Zugabe mit dem Bügeleisen um den Pappstreifen, bis er verdeckt ist.

7 Die Seitennähte von unten nach oben schließen. Dabei darauf achten, dass die Endpunkte unter dem Armausschnitt an der Nählinie exakt (!) zusammenpassen. Anschließend die NZG auseinanderbügeln.

8 Den Saum 1 cm nach links umbügeln und von rechts füßchenbreit feststeppen. Das T-Shirt nochmals bügeln – fertig.

SCHÜRZE

Ich kann jetzt auch gerafft

1 Alle Stoffe vor dem Zuschneiden waschen. Gerade bei einem so großen Projekt kann ein nachträgliches Schrumpfen der Stoffe komisch aussehen.

2 Jeweils 2 Schnittteile für die Nackenbänder r-a-r legen und die Ränder zusammennähen, dabei in der Mitte eine Wendeöffnung lassen. Die NZG an den Ecken abschneiden, um eine Wulst nach dem Wenden zu vermeiden. Die Nackenbänder auf rechts wenden, bügeln und knappkantig – also ca. 2 mm vom Rand – nochmals absteppen. Die Wendeöffnung wird dabei gleichzeitig geschlossen.

HINWEIS: Sie können die Wendeöffnung auch am unteren – geraden – Ende des Nackenbandes lassen, allerdings lassen sich die beiden Bänder dann etwas schwieriger wenden.

3 Die Tasche am oberen Rand zweimal gemäß Schnittmuster nach links falzen, bügeln und den umgefalzten Rand feststeppen. Die rechte und die linke Seite und den Boden nach links umfalzen. Die diagonalen Ecken zur Mitte falzen und alles bügeln. Mit Stecknadeln l-a-r mittig auf dem Latz platzieren und Seiten und Boden festnähen.

4 Die Brustabnäher in den Latz nähen. Dafür die Abnäher aus dem Papier-Schnittmuster ausschneiden, das Schnittteil auf die linke Stoffseite des mintfarbenen Latzes legen und den Abnäher vorsichtig mit dem Bleistift einzeichnen. Den Latz r-a-r diagonal so falzen, dass beide Abnäherlinien genau aufeinanderliegen. Am einfachsten geht das, wenn Sie mit einer Stecknadel durch den Stoff stechen und schauen, dass die Nadel oben und unten durch den Bleistiftstrich geht. Den Abnäher auf dem Strich nähen. Mit der anderen Seite des Latzes ebenso verfahren. Die Abnäher nach dem gleichen Prinzip auch in den Futterstoff nähen.

5 Die Nackenbänder gemäß dem Schnittmuster an die oberen Ecken auf die rechte Stoffseite des mintfarbenen Latzes legen, die langen Enden zeigen zur Mitte. Den Latz aus Futterstoff r-a-r darauflegen. Beide Seiten und den oberen Rand absteppen. Die NZG der oberen Ecken (analog zu den Nackenbändern, Schritt 1) bis 2 mm vor der Naht abschneiden, dann den Latz auf rechts wenden und bügeln.

6 Den Rand des Latzes nochmals absteppen. Dabei auch den unteren Rand mit den offenen Webbändern knappkantig verschließen. So kann beim weiteren Verarbeiten des Latzes nichts mehr verrutschen.

GRÖSSE
60 cm x 82 cm (flach liegend; zzgl. Bänder)

MATERIAL
* Stoff 1: Baumwollstoff in Mint mit Blüten, 120 cm x 80 cm
* Stoff 2: Baumwollstoff in Korallenrot, 120 cm x 20 cm
* Stoff 3: Baumwollstoff in Grau, 140 cm x 50 cm
* Stoff 4 (Futter): Baumwollstoff in Weiß, 50 cm x 40 cm
* Stylefix Klebeband, 50 cm

SCHNITTMUSTERBOGEN A

ZUSCHNITT
Die NZG ist bereits im Schnittmuster enthalten.

Stoff 1
> 1x Schnittteil „Schürze Latz" im Stoffbruch
> 1x Schnittteil „Schürze Rock oben" im Stoffbruch

Stoff 2
> 1x Schnittteil „Schürze Rock unten" im Stoffbruch

Stoff 3
> 2x Schnittteil „Schürze Taillenband" im Stoffbruch
> 4x Schnittteil „Schürze Nackenband" im Stoffbruch
> 1x Schnittteil „Schürze Tasche"

Stoff 4
> 1x Schnittteil „Schürze Latz" im Stoffbruch

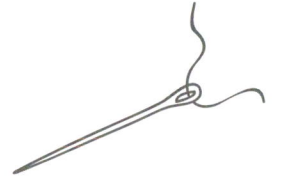

Trick 17

Mach dein Leben leichter!

TRICK 17 JAHRBUCH
Improvisation ist mein halbes Leben!

128 S., 14,5 x 19,5 cm, SC
ISBN 978-3-7724-**7754**-6
€ (D) 10,00

TRICK 17
365 geniale Alltagstipps

400 S., 16 x 21 cm, SC
ISBN 978-3-7724-**7514**-6
€ (D) 17,00

TRICK 17
Küche

320 S., 16 x 21 cm, SC
ISBN 978-3-7724-**7468**-2
€ (D) 17,00

TRICK 17
Garten & Balkon

320 S., 16 x 21 cm, SC
ISBN 978-3-7724-**7623**-5
€ (D) 17,00

TRICK 17
Handarbeiten

320 S., 16 x 21 cm, SC
ISBN 978-3-7724-**6455**-3
€ (D) 17,00

TRICK 17
Fashion & Beauty

320 S., 16 x 21 cm, SC
ISBN 978-3-7724-**7716**-4
€ (D) 17,00

TRICK 17
Urlaub & Reise

320 S., 16 x 21 cm, SC
ISBN 978-3-7724-**7745**-4
€ (D) 17,00

120 S., 22 x 23,5 cm, HC
ISBN 978-3-7724-**7553**-5
€ (D) 16,99

112 S., 29,5 x 25 cm, HC
ISBN 978-3-7724-**7593**-1
€ (D) 15,99

80 S., 22 x 23,5 cm, HC
ISBN 978-3-7724-**7704**-1
€ (D) 14,99

144 S., 21 x 28 cm, HC
ISBN 978-3-7724-**5971**-9
€ (D) 19,99

144 S., 19 x 24,6 cm, HC
ISBN 978-3-7724-**7731**-7
€ (D) 19,99

240 S., 19 x 23,4 cm, HC
ISBN 978-3-7724-**7717**-1
€ (D) 19,99

224 S., 23,5 x 28,5 cm, HC
ISBN 978-3-7724-**7707**-2
€ (D) 29,99

96 S., 23,5 x 25,5 cm, HC
ISBN 978-3-7724-**7730**-0
€ (D) 14,99

224 S., 21 x 28 cm, HC
ISBN 978-3-7724-**7580**-1
€ (D) 12,99

176 S., 21 x 28 cm, HC
ISBN 978-3-7724-**7543**-6
€ (D) 22,99

64 S., 17,5 x 28,5 cm, HC
ISBN 978-3-7724-**4255**-1
€ (D) 12,99

64 S., 19,5 x 25 cm, HC
ISBN 978-3-7724-**7688**-4
€ (D) 12,99

96 S., 22,2 x 23,5 cm, HC
ISBN 978-3-7724-**8035**-5
€ (D) 15,99

80 S., 19,5x 25 cm, HC
ISBN 978-3-7724-**8034**-8
€ (D) 14,99

80 S., 19,5 x 25 cm, HC,
ISBN 978-3-7724-**8036**-2
€ (D) 14,99

96 S., 19,5 x 25 cm, HC
ISBN 978-3-7724-**8018**-8
€ (D) 12,99

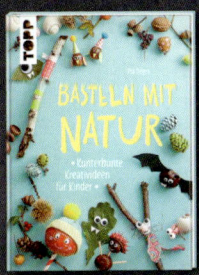

128 S., 21 x 28 cm, HC
ISBN 978-3-7724-**7653**-2
€ (D) 16,99

144 S., 21,5 x 28,5 cm, HC
ISBN 978-3-7724-**7724**-9
€ (D) 16,99

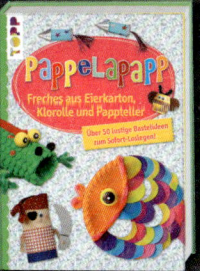

160 S., 21 x 28 cm, HC
ISBN 978-3-7724-**7720**-1
€ (D) 12,99

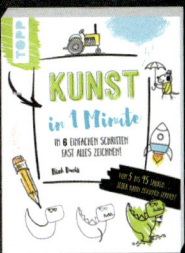

176 S., 19 x 24,6 cm, SC
ISBN 978-3-7724-**7738**-6
€ (D) 14,99

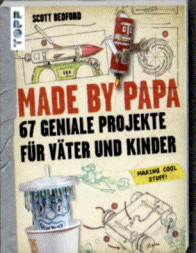

128 S., 20,4 x 24,8 cm, HC
ISBN 978-3-7724-**7590**-0
€ (D) 19,99

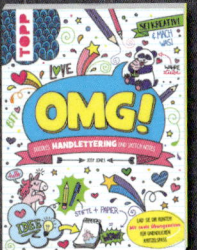

80 S., 19 x 24,5 cm, HC
ISBN 978-3-7724-**7672**-3
€ (D) 12,99

76 S., 25,5 x 22 cm, SC
ISBN 978-3-7724-**7723**-2
€ (D) 10,99

128 S., 21 x 26,5 cm, HC
ISBN 978-3-7724-**7740**-9
€ (D) 15,99

160 S., 22 x 24 cm, HC
ISBN 978-3-7724-**6476**-8
€ (D) 22,00

128 S., 22 x 24 cm, HC
ISBN 978-3-7724-**6487**-4
€ (D) 22,00

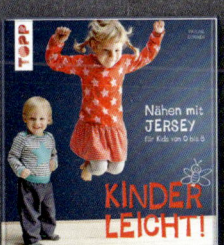

112 S., 22,2 x 24 cm, HC
ISBN 978-3-7724-**6402**-7
€ (D) 16,99

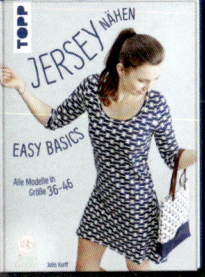

112 S., 22 x 29 cm, HC
ISBN 978-3-7724-**6467**-6
€ (D) 16,99

160 S., 21 x 28 cm, HC
ISBN 978-3-7724-**6475**-1
€ (D) 19,99

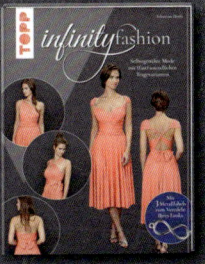

112 S., 19,5 x 25 cm, HC
ISBN 978-3-7724-**6490**-4
€ (D) 16,99

128 S., 21 x 28 cm, HC
ISBN 978-3-7724-**6488**-1
€ (D) 16,99

320 S., 21 x 28 cm, HC
ISBN 978-3-7724-**6453**-9
€ (D) 29,99

96 Seiten, 21,9 x 23 cm, SC
ISBN 978-3-7724-**6217**-7
€ (D) 15,99

176 Seiten, 22 x 26 cm, HC,
mit 3 Tafelflächen z. Üben
ISBN 978-3-7724-**8234**-2
€ (D) 22,00

144 S., 21,9 x 23 cm, SC
ISBN 978-3-7724-**8304**-2
€ (D) 16,99

256 S., 19,5 x 25 cm, HC
ISBN 978-3-7724-**7751**-5
€ (D) 14,99

80 S., 21,7x 24,1 cm, SC
ISBN 978-3-7724-**8285**-4
€ (D) 12,99

256 S., 22,8 x 28 cm, HC
ISBN 978-3-7724-**8300**-4
€ (D) 19,99

96 S., 24 x 24 cm, SC
ISBN 978-3-7724-**8306**-6
€ (D) 11,99

64 S., 26,5 x 37 cm, SC
ISBN 978-3-7724-**8243**-4
€ (D) 12,99

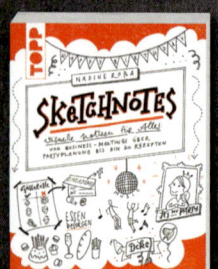

144 S., 19,2 x 24,5 cm, SC
ISBN 978-3-7724-**8240**-3
€ (D) 16,99

128 S., 19 x 24,6, SC
ISBN 978-3-7724-**8311**-0
€ (D) 14,99

240 S., 23,4 x 31 cm, HC
ISBN 978-3-7724-**8250**-2
€ (D) 16,99

224 S., 23,4 x 31 cm, HC
ISBN 978-3-7724-**8253**-3
€ (D) 14,99

8 Den oberen Mittelteil (zwischen den Pfeilen) kräuseln. Dafür die Oberfadenspannung der Maschine auf 0 oder 1 reduzieren und den oberen Rand zwischen den Pfeilen nähen. Der obere Faden hat nun keine Spannung mehr und schaut leicht auf der Unterseite des Stoffes durch. Der untere Faden dagegen ist gespannt. Ein Ende des unteren Fadens festhalten und den Stoff vorsichtig zur Mitte schieben. Der Stoff kräuselt sich. Den Stoff so lange zur Mitte schieben, bis die Kräuselung zwischen den Pfeilen 30 cm beträgt. Dann die Enden des Garns verknoten und die Kräuselung ordentlich auf den 30 cm verteilen.

ACHTUNG: Nicht vergessen, die Fadenspannung wieder in den normalen Modus zu stellen!

9 Ein Taillenband mit der rechten Seite nach oben flach auf den Tisch legen, dann den oberen Rand des Schürzenrockes auf den oberen Rand des Bandes legen und mit Stecknadeln fixieren, dabei darauf achten, dass der Rock mittig auf dem Taillenband liegt. Das Taillenband am Rand festnähen.

10 Das zweite Taillenband r-a-r darauflegen, zwischen den Taillenbändern liegt der bereits angenähte Schürzenrock. Die äußeren Ränder des Taillenbandes zusammennähen, dabei aber den Teil, an dem der Rock herausschaut, auslassen. Dort wird später der Latz eingenäht. Die Ecken wie in Punkt 1 beschrieben abschneiden und die Enden des Taillenbandes durch die übergroße Wendeöffnung auf rechts wenden. Die Nähte gut ausbügeln, dabei die offene Stelle aussparen.

11 Den Latz r-a-r mittig auf die Wendeöffnung legen: Die offenen Webkanten des Taillenbandes und des Latzes liegen aufeinander. Nun den Latz an eine Seite des Taillenbandes nähen. Den Latz nach oben klappen und die Naht vorsichtig ausbügeln.

12 Den zweiten Teil des Taillenbandes an den Latz bzw. die Vorderseite des Taillenbandes nähen. Dafür die Schürze so auf den Tisch legen, dass die rechte Stoffseite zum Tisch zeigt und die offene Webkante des Taillenbandes oben liegt. Die Kräuselung flach bügeln, das erleichtert den weiteren Schritt. Die offene Webkante des Taillenbandes 1 cm nach innen umschlagen. Wenn Sie sehr ordentlich genäht haben, liegt nun der Falz genau auf der Naht, mit der Latz und Taillenband verbunden wurden. Mit kleinen Stücken Stylefix Klebeband die NZG innen festkleben, so kann beim Nähen nichts mehr verrutschen. Das Taillenband nochmals an der gesamten äußeren Kante abnähen. Dabei die eben provisorisch zugeklebte Öffnung mit verschließen.

FÜR DIE TAILLENBÄNDER benötigen Sie zwei 160 cm lange Stoffstreifen. Die wenigsten Stoffe liegen allerdings 160 cm breit. Und wenn doch, dann sind es eher Möbelstoffe. Sollten Sie jedoch einen schönen Baumwollstoff in 160 cm Breite finden: Sie benötigen dann 160 cm x 40 cm. Bei einem 140 cm breiten Stoff können Sie die Fläche neben dem Zuschnitt für die kleine Tasche zum Anstückeln für das Taillenband verwenden. Das wurde bei der hier gezeigten Schürze so gemacht.

7 Beide Schürzenrockteile mit einer französischen Naht verbinden. Dafür den oberen und den unteren Schürzenrock l-a-l legen und am unteren Rand zusammennähen. Die NZG bis auf ca. 3 mm zurückschneiden und die Naht auseinanderbügeln. Beide Teile r-a-r umklappen, den unteren Rand nochmals mit der normalen NZG von 10 mm absteppen und die Naht auseinanderbügeln. Die offenen Webkanten sind nun in der Naht versteckt und können sich beim Tragen nicht mehr auftrennen. Die französische Naht zum unteren Stoff bügeln und nochmals feststeppen. Die seitlichen Ränder und den unteren Rand zweimal zur linken Stoffseite falzen und bügeln, dann die Ränder absteppen. Die Ecken als Briefecken nähen (siehe Seite 121).

FÜR UNTERWEGS

Schuhclips mit Cosmea-Blüten

1 Für 1 Schuhclip jeweils 5 Stoffquadrate in Rosa und in Pink diagonal zu einem Dreieck falten und mit großzügigen Heftstichen an den Winkelrändern nähen.

2 Die rosafarbenen Blütenblätter auffädeln und zu einem Kreis verknoten. Die pinkfarbenen Blütenblätter ebenfalls auffädeln und zu einem Kreis verknoten.

3 Als Blütenmittelpunkt jeweils 1 Knopf von ø 1 cm und ø 0,6 cm mit gelbem Stoff beziehen und der Größe entsprechend einkleben.

4 Auf der Rückseite eines Filzovals 1 Schuhclip festnähen und auf der Vorderseite mit Heißkleber die beiden Cosmea-Blüten aufkleben.

5 Den zweiten Schuhclip ebenso arbeiten.

GRÖSSE
Blüten ca. ø 3,5 cm und 4,5 cm
Schuhclip ca. 4,5 cm x 7 cm

MATERIAL
* Stoff 1: Baumwollstoff in Rosa, Rest
* Stoff 2: Baumwollstoff in Pink, Rest
* Stoff 3: Baumwollstoff in Gelb, Rest
* Stoff 4: Bastelfilz in Pink, Rest
* Zwirn
* 2 Knöpfe, ø 1 cm
* 2 Knöpfe, ø 0,6 cm
* 2 Schuhclip-Rohlinge, 1,5 cm x 1,5 cm
* Heißkleber
* Zackenschere

ZUSCHNITT
Stoff 1
> 2x 5 Quadrate, 4,5 cm x 4,5 cm

Stoff 2
> 2x 5 Quadrate, 3,5 cm x 3,5 cm

Stoff 4
> 2 Ovale, 3,5 cm x 1 cm (mit der Zackenschere)

SKIZZE SEITE 124

JERSEY-KLEID

Ein echtes Allround-Talent, ob mit oder ohne Muster

GRÖSSE

36–46

MATERIAL

✻ **Stoff 1: Jerseystoff in Weiß/Rot gepunktet, 130 cm x 150 cm**
✻ **Formband (Vlieseline), 1,50 m**

SCHNITTMUSTERBOGEN B

ZUSCHNITT

An Besatz-, Schulter- und Seitennähten 1 cm NZG bis zum Schlitzzeichen hinzufügen und als Schlitzzugabe sowie an Ärmel- und Rocksaum 1,5 cm.

Stoff 1

➤ **1x Schnittteil „Vorderteil" im Stoffbruch**
➤ **1x Schnittteil „Rückenteil" im Stoffbruch**
➤ **1x Schnittteil „Vorderer Besatz" im Stoffbruch**
➤ **1x Schnittteil „Hinterer Besatz" im Stoffbruch**

1 Das Formband von links so auf die Halsausschnittkanten von Vorder- und Rückenteil aufbügeln, dass der sichtbare Faden des Formbandes mit der Nählinie deckungsgleich ist. Die NZG der Schlitze ebenso mit Formband verstärken.

2 Vorderen und hinteren Besatz r-a-r übereinanderlegen, die Schulternähte zusammennähen und auseinanderbügeln. Die Außenkante mit Zickzackstich versäubern. Alle Schnittkanten des Vorder- und Rückenteils, bis auf die Halsausschnittkanten, ebenso versäubern.

3 Vorder- und Rückenteil r-a-r aufeinanderlegen, die Schulternähte zusammennähen und auseinanderbügeln. Die Nählinien müssen passen!

4 Den Besatz r-a-r an den Halsausschnitt stecken und zusammennähen, dabei auf dem Formband nähen. Die NZG des Besatzes auf 5 mm einkürzen und beide NZG an den Rundungen ca. alle 5 mm bis kurz vor der Naht einschneiden. Dadurch liegt der Besatz nach dem Umdrehen zur linken Seite glatt, und die NZG drücken nicht durch. Den Halsausschnitt verstürzen und bügeln. Den Besatz von rechts bei 1,25 cm Nahtbreite festnähen.

5 Die Ärmelsäume 1,5 cm breit umbügeln und absteppen.

6 Die Seitennähte r-a-r wie folgt schließen: An der Nähmaschine eine Stichlänge von 5–6 mm einstellen und mit diesem großen Stich (Heftstich) und ohne zu verriegeln bis zum Markierungszeichen für den Seitenschlitz nähen. Hier die Stichlänge wieder reduzieren, verriegeln, und bis hin zum Ärmelsaum weitersteppen. Dort die Naht ebenfalls verriegeln. Die Seitennähte bis zum Saum auseinanderbügeln. Dann die Heftfäden an den Schlitzen auftrennen.

7 Den Saum 1,5 cm breit nach links umbügeln und anschließend von der rechten Seite 1,25 cm breit absteppen. Die Schlitzzugaben über den Saum klappen, alles feststecken und ebenfalls von rechts bei 1,25 cm Nahtbreite rundherum festnähen.

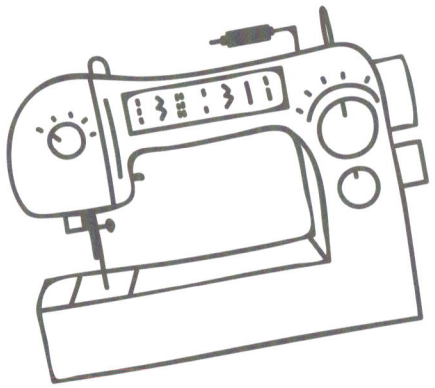

KUSCHELDECKE

Mit Patchwork-Wabenmuster

1 Das Nahtband entlang den Seitenkanten der Decke bündig aufbügeln, es verhindert beim sehr dehnbaren Fleece das Verziehen beim Nähen. Anschließend die Kanten rundum mit Schrägband einfassen (siehe Seite 122).

2 Alle Teile A dicht an dicht bzw. mit ca. 4 mm Abstand auf die Vliesofix-Papierseite aufzeichnen, mit ca. 2 mm Abstand zur Kontur ausschneiden, jeweils auf die entsprechende linke Stoffseite bügeln und exakt ausschneiden.

3 Gemäß Schemazeichnung (die Ziffern in den Teilen A entsprechen den Stoffen) die Applikationen auflegen – am besten auf der weniger florigen Fleeceseite, da Aufbügelmotive hier besser haften. Weil die Decke sehr groß ist, empfiehlt es sich, Reihe für Reihe zu arbeiten: Teile aufstecken, mit feuchtem Tuch abdecken und aufbügeln, dann mit Geradstich schmalkantig festnähen.

GRÖSSE
140 cm x 190 cm

MATERIAL
* **Stoff 1: Fleece in Creme, ca. 145 cm x 200 cm**
* **Stoff 2: Baumwolljersey in Gelb, je 40 cm lang: 40 cm x 100 cm**
* **Stoff 3: Baumwolljersey in Grün, 40 cm x 130 cm**
* **Stoff 4: Baumwolljersey in Hellgrau, 40 cm x 100 cm**
* **Stoff 5: Baumwolljersey in Dunkelgrau, 40 cm x 80 cm**
* **Stoff 6: Baumwolljersey in Rot gemustert, ca. 25 cm x 35 cm**
* **Vliesofix, 140 cm x 90 cm**
* **Nahtband zum Aufbügeln, 1 cm breit, ca. 7 m**
* **Vorgefalztes Schrägband in Creme, 3 cm breit (fertige Breite 1,5 cm), ca. 7 m**

SCHNITTMUSTERBOGEN B

ZUSCHNITT
Das angegebene Maß für die Decke enthält ringsum 1,5 cm Nahtzugabe.

Stoff 1
> **1x Decke, 140 cm x 190 cm**

Stoff 2
> **3,5x Teil A**

Stoff 3
> **4,5x Teil A**

Stoff 4
> **4x Teil A**

Stoff 5
> **3x Teil A (ein Teil davon halbieren, dafür Papierschnitt entlang der Strichellinie zur Hälfte falten)**

Stoff 6
> **1x Teil A**

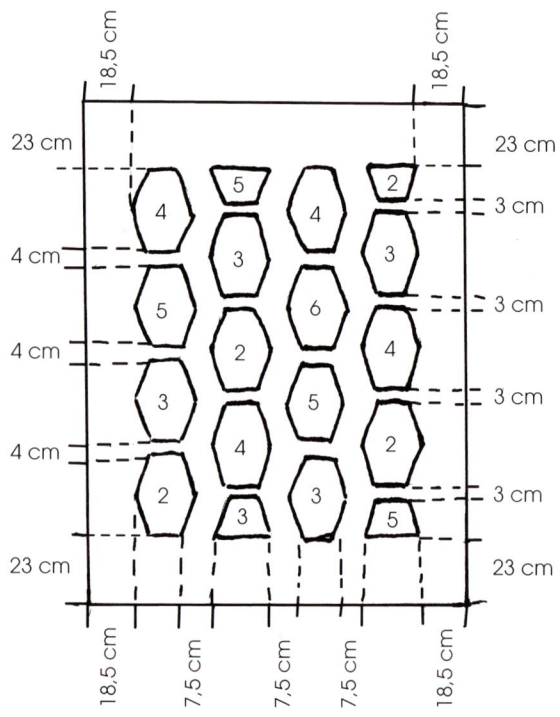

NOTIZBLOCK-HÜLLE

Mit Stiftefach und Visitenkartentasche

GRÖSSE
26 cm x 17 cm (aufgeklappt)

MATERIAL
* **Stoff 1: Wollfilz in Türkis, 2,5–3 mm dick, 30 cm x 17 cm**
* **Stoff 2 (Futter 1): Baumwollstoff in Pink, 34 cm x 19 cm**
* **Stoff 3 (Futter 2): Baumwollstoff in Türkis mit grünen Farnblättern, 28 cm x 26 cm**
* **Zackenlitze in Gelb, 30 cm lang**
* **Webband in Blau geblümt, 30 cm lang**
* **Kam Snaps-Druckknopf in Türkis**

SCHNITTMUSTERBOGEN B

ZUSCHNITT
Die Filzteile ohne NZG zuschneiden. Den Stoffteilen 1 cm NZG hinzufügen.

Stoff 1
> **1x Schnittteil „Hülle"**
> **1x Schnittteil „Riegel"**

Stoff 2
> **1x Schnittteil „Hülle"**
> **1x Schnittteil „Visitenkartenfach"**

Stoff 3
> **1x Schnittteil „Hülle Innenfach" im Stoffbruch**

1 Die Zierbänder wie im Schnittmuster eingezeichnet auf die Außenseite des Filzes steppen.

2 Das Innenfach für den Notizblock mittig falten. Die NZG für das Visitenkartentäschchen rundum nahtbreit nach links bügeln. Die obere Kante noch ein zweites Mal 1 cm breit umbügeln und dann schmalkantig absteppen. Das Täschchen wie im Schnittmuster eingezeichnet l-a-r auf das Einsteckfach legen und schmalkantig an drei Seiten aufnähen.

3 Das Innenfach l-a-r auf die Hülleninnenseite aus Stoff legen und wie eingezeichnet mit 2 Stepplinien aufsteppen.

4 Die NZG der Stoff-Hülleninnenseite zusammen mit dem Innenfach rundum nahtbreit umbügeln und auf den Filz stecken. Dabei den Riegel an der rechten Außenseite mittig 1 cm tief unter die Stoff-Hülle schieben.

5 Anschließend alles rundum schmalkantig aufsteppen.

6 Zum Schluss den Druckknopf gemäß Herstelleranleitung in Riegel und Filzhülle befestigen.

Taschen

UMHÄNGE-TASCHE

Da passt alles für den nächsten Nähtreff rein!

GRÖSSE

35 cm x 45 cm x 11 cm (zzgl. Träger)

MATERIAL

* **Stoff 1: Jeansstoff in Dunkelblau, 120 cm x 60 cm**
* **Stoff 2 (Futter): Baumwollstoff in Türkis, 120 cm x 60 cm**
* **Vlieseinlage: Vlieseline S 320, 120 cm x 60 cm**
* **Webbänder in Türkis-Grün, je 20 cm**
* **4 D-Ringe, 2,5 cm breit**
* **Gurtband, 4 cm breit, 150 cm lang**
* **Magnetverschluss zum Einnähen**
* **2 Karabiner mit 4 cm breitem Durchlass für das Gurtband**
* **Stegschnalle, 4 cm breit**
* **Stylefix Klebeband**

SCHNITTMUSTERBOGEN A

ZUSCHNITT

**Die NZG der Tasche ist bereits im Schnittmuster eingezeichnet.
Der Stern kann ein bisschen lässiger genäht und geschnitten werden.**

Stoff 1

> **2x Schnittteil „Body"**
> **4x Schnittteil „Schlaufen für D-Ringe"**

Stoff 2

> **2x Schnittteil „Body"**

Vlieseinlage

> **2x Schnittteil „Body"**

1 Die Stoffe vor dem Verarbeiten waschen. Jeansstoff läuft etwas ein, vor allem aber kann er beim ersten Waschen ausbluten. Auch wenn der Jeansstoff schon recht fest ist, die Vlieseline jeweils auf die linke Stoffseite des Taschenteils bügeln. Das Webband vor dem Verarbeiten auf Stufe 2 bügeln, die meisten Webbänder schrumpfen dabei etwas.

2 Eine der Schlaufen längs r-a-r mittig falzen. Die Längskante absteppen. Die Schlaufe auf rechts wenden und so bügeln, dass die Naht in der Mitte und die NZG zu beiden Seiten liegen. Beide Längskanten nochmals knapp am Rand absteppen. Die anderen 3 Schlaufen ebenso arbeiten. Die Schlaufenbänder durch die D-Ringe ziehen und zur Hälfte aufeinanderlegen, dabei liegt die Naht innen und ist nicht zu sehen. Mit einer Stecknadel fixieren.

3 Die Schlaufen mit den D-Ringen so auf die Markierungen am Jeanstaschenteil legen, dass die D-Ringe zur Mitte zeigen. Mit einigen Stichen fixieren, damit beim späteren Zusammennähen nichts verrutscht. Dafür können Sie prima den Reißverschluss-Nähfuß Ihrer Nähmaschine verwenden, er ermöglicht ein näheres Nähen am D-Ring.

4 Einen Stern aus Papier zuschneiden und mit den Webbändern vor dem Aufnähen schon einmal auf der Tasche anordnen. Erst wenn alles passt, die Webbänder aufnähen. Damit diese beim Aufnähen nicht verrutschen, ein Stück Stylefix auf der Rückseite jedes Webbandes befestigen, auf die rechte Stoffseite der Tasche kleben und dicht am Rand festnähen.

5 Für die Sternapplikation ein Stück Jeansstoff mit Klebestreifen oder Stecknadeln auf einem Bogen Papier befestigen, den Stern darauflegen und mit Stecknadeln fixieren. Mit der Nähmaschine um das Papier herumnähen, das Papier entfernen und den Stern noch zwei- bis dreimal abnähen. Die Nähte dürfen sich dabei überschneiden. Dafür einen Stretch-Dreifach-Geradstich an der Nähmaschine wählen, dadurch fallen die Nähte mehr auf. Das Papier hinter dem Stoff wegreißen und den aufgenähten Stern mit ca. 5 mm Rand ausschneiden.

6 Den Stern so auf die Tasche legen, dass die Enden der Webbänder hinter dem Stern verschwinden, mit Stecknadeln fixieren und mit einem unauffälligen Garn applizieren. Dann die offenen Kanten mit dem Daumennagel etwas aufrauen, sodass sie etwas ausgefranst aussehen.

7 Jeweils ein Taschenteil aus Jeans- und Futterstoff r-a-r aufeinanderlegen und den oberen Rand abnähen. Nähte mit dem Bügeleisen auseinanderbügeln.

8 Beide zusammengenähte Taschenteile so r-a-r legen, dass jeweils beide Jeansteile und beide Futterteile aufeinanderliegen. Alle 4 Seiten zusammennähen, dabei gemäß Schnittmuster eine Wendeöffnung an einer Futterseite lassen. An allen 4 Ecken jeweils die Seitennaht auf die Bodennaht legen und die Abnäher schließen.

9 Die Tasche durch die Wendeöffnung auf rechts wenden und die Jeanstasche in die Futtertasche schieben Den oberen Rand ordentlich bügeln. An einer Seite liegt nun die Wendeöffnung. Am oberen Rand die Mitte abmessen und mit Stecknadeln markieren. Zwei weitere Stecknadeln markieren die rechte und linke Seite, an der später der Magnetverschluss sitzen wird.

10 Einen Teil des Magnetverschlusses in die Öffnung schieben und zwischen den Stecknadeln positionieren. Dann um den Magnetverschluss herumnähen. Den zweiten Magnetverschluss auf der anderen Seite der Tasche zwischen Jeans- und Futterstoff ebenso einnähen. Dabei darauf achten, dass sich die Magnete später anziehen, nicht abstoßen! Die Wendeöffnung von Hand mit einem Matratzenstich verschließen. Die Tasche auf rechts wenden und den oberen Rand der Tasche nochmals knappkantig – also ca. 4–5 mm vom Rand – absteppen.

11 Zum Schluss die Träger anfertigen. Bei Synthetik-Gurtbändern die Enden gerade abschneiden und mit einem Feuerzeug die offenen Kanten verschmelzen. Baumwoll-Gurtbänder mit etwas Klebstoff „versiegeln". Das Gurtband um den mittleren Steg der Stegschnalle legen und festnähen. Wenn Sie ein gemustertes Webband verwenden, zeigen die linken Webband-Seiten zueinander. Zum Festnähen eignet sich der Reißverschlussfuß der Nähmaschine sehr gut, mit ihm kann man dichter an der Schnalle nähen als mit dem normalen Nähfuß.

Nach dem Festnähen das Webband durch den Steg des Karabiners ziehen, dann durch die beiden Öffnungen der Stegschnalle. Das noch offene Ende des Gurtbandes durch den Steg des zweiten Karabiners ziehen und ebenfalls festnähen. Auch hier bei einseitig bedrucktem Gurtband auf die rechte und linke Seite achten. Den Karabiner an der Tasche befestigen: an den oberen D-Ringen für viel Inhalt, an den unteren D-Ringen für weniger Inhalt.

FÜR EINE UMHÄNGETASCHE DIESER GRÖSSE
eignen sich feste Stoffe wie zum Beispiel Jeans, Canvas oder Segeltuch. Sie bringen schon einiges an Stand mit und hängen nicht wie ein nasser Tropf über der Schulter. Wenn Sie einen leichteren gemusterten Baumwollstoff verwenden möchten, können Sie die Tasche damit dekorieren, also Muster applizieren. Oder Sie verwenden eine noch stärkere Vlieseinlage (z.B. S520). Alternativ nehmen Sie den Jeansstoff für das Futter. Eine Optimallösung gibt es für solche Fälle nicht, vielmehr ist es eine Art praktisches Herumprobieren. Am Ende entscheiden Sie nach Ihrem Geschmack.

FÜR DIESE TASCHE
wurde ein Magnetverschluss verwendet, der außen einen Plastikrand hat. Im Zweifelsfall macht es der Nadel an Ihrer Nähmaschine nichts aus, wenn Sie den Plastikrand mit festnähen.

LOVELY

Satchel mit hübscher Raffung

GRÖSSE

28 cm x 31 cm x 6 cm

MATERIAL

* Stoff 1: Baumwollstoff in Rosa gemustert, 40 cm x 30 cm
* Stoff 2: Baumwollstoff in Rosa-Weiß gemustert, 140 cm x 40 cm
* Stoff 3 (Futter): Baumwollstoff in Rosa, 70 cm x 40 cm
* Vlieseinlage 1: Vlieseline S 320, 140 cm x 20 cm
* Vlieseinlage 2: Vlieseline H 405, 70 cm x 40 cm
* Reißverschluss in Pink, mindestens 32 cm lang
* Webband in Rosa-Rot, Rest
* Regulator mit Schieber, 3 cm breit
* Karabiner mit Durchlass, 3 cm breit
* Metallöse, ø 1,1 cm

SCHNITTMUSTERBOGEN B

ZUSCHNITT

Stoff 1

> 2x Schnittteil „Taschenblende"

Stoff 2

> 1x Schnittteil „Vorderseite unten"
> 1x Schnittteil „Rückseite unten"
> 1x Träger, 9 cm x 140 cm

Stoff 3

> 2x Schnittteil „Futter"

Vlieseinlage 1

> 2x Schnittteil „Taschenblende" mit NZG
> 2x Träger, 3 cm x 140 cm

Vlieseinlage 2

> 2x Schnittteil „Futter" mit NZG

1 Vor dem Nähen Vlieseinlage 1 gemäß Herstellerangaben auf die linke Stoffseite der Blendenteile von Stoff 1, Vlieseinlage 2 auf die linke Stoffseite der Futterschnittteile bügeln.

2 Bei allen Schnittteilen die unteren Abnäher nähen. Dafür die Nahtlinien für die Abnäher mit Bleistift jeweils auf die linke Stoffseite

übertragen. Den Stoff mittig an den Abnähern r-a-r so falten, dass die Nahtlinien aufeinanderliegen. Die Abnäher an den Nahtlinien zusammennähen.

3 An der Vorderseite den Bereich zwischen den Markierungen von Hand mit Heftstich reihen und den Stoff auf ca. 8 cm Länge zusammenraffen.

4 Eine Blende r-a-r auf den oberen Rand der Vorderseite legen und absteppen. Dabei darauf achten, dass die Markierungen aufeinandertreffen. Die Stofflagen aufklappen und die Naht bügeln.

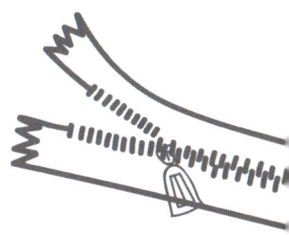

5 Das Webband auf 6 cm Länge zurechtschneiden. Die Webbandenden mit einem Feuerzeug anschmelzen, damit sie später nicht ausfransen. Dann die Enden 5 mm nach hinten falten und das Band mittig auf die rechte Stoffseite der Blende nähen.

6 Die zweite Blende r-a-r an die Oberkante der Rückseite (ohne Raffung) nähen. Dabei darauf achten, dass die Markierungen aufeinandertreffen. Aufklappen und die Naht flach bügeln.

7 Den Reißverschluss r-a-r an die Oberkante des Vorderteils nähen (der Schieber zeigt zur rechten Stoffseite), dabei die Naht mit jeweils 1 cm Abstand zu den Seitenrändern setzen.

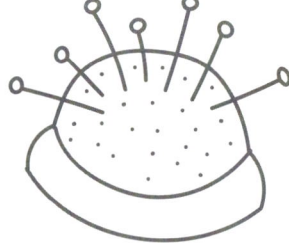

8 Ein Futterteil r-a-r auf die Vorderseite mit dem Reißverschluss legen, feststecken und von den anderen Seite die genähte Naht nochmals nachnähen. Beide Stofflagen aufklappen und die Naht flach bügeln. Die Schnittteile für die Rückseite genauso an die andere Seite des Reißverschlusses nähen.

9 Den Reißverschluss zur Hälfte öffnen. Mit dem Reißverschluss in der Mitte jeweils die Taschenteile aus Ober- sowie aus Futterstoff r-a-r aufeinanderlegen. Die Tasche am äußeren Rand rundherum zusammennähen, dabei eine Wendeöffnung im Futter lassen und nicht über den Reißverschluss nähen, sondern auf jeder Seite die Naht ca. 6 mm vor dem Reißverschluss enden lassen.

10 Die Tasche durch die Wendeöffnung auf rechts wenden. Das Futter in die rosa gemusterte Außentasche schieben. Die Wendeöffnung von Hand schließen und die Tasche am oberen Rand bügeln.

11 Für den Träger den Stoffstreifen längs mittig falten, bügeln und wieder aufklappen. Beide Vlieseinlagestreifen links und rechts der Mitte mit 2 mm Abstand nebeneinander auf die linke Seite des Stoffstreifens bügeln. An den Seiten stehen die Stoffränder über die Vlieseinlage über. Die Stoffränder (ohne Vliesverstärkung) auf die linke Seite umbügeln. Stoffstreifen mittig längs falten und bügeln, die Vlieseinlage liegt innen zwischen den Stofflagen, die rechte Stoffseite außen. Die offenen Kanten des Trägers aufeinanderlegen und knappkantig absteppen. Ein Ende des Trägers um den mittleren Steg des Regulators legen und festnähen. Den Träger durch den Karabiner fädeln, dann durch die Stegschnalle.

12 Das Trägerende nach hinten falten und auf der Rückseite der Tasche festnähen. Dazu die Tasche weit öffnen und die Nadel nur durch die Rückseite der Tasche, nicht durch alle Stoffschichten stechen. Die Öse gemäß Herstelleranleitung durch alle Stofflagen auf der anderen Seite der Tasche befestigen und den Karabiner darin einhaken.

BUSINESS-STYLE

Elegante Bucket in edlem Grau

GRÖSSE
32 cm x 30 cm x 12 cm

MATERIAL
* Stoff 1: Gefütterter Taschenstoff in Grau, 80 cm x 70 cm
* Stoff 2 (Futter): Baumwollstoff in Grau, 80 cm x 70 cm
* Vlieseinlage: Vlieseline H320, 70 cm x 30 cm
* 3 Druckknöpfe (z.B. Kam Snap) in Grau, ø 1,2 cm
* 2 Taschengriffe mit Schnallen aus Lederimitat in Schwarz, je 65 cm lang

SCHNITTMUSTERBOGEN B

ZUSCHNITT

Stoff 1
> 2x Schnittteil „Vorder- und Rückseite"
> 2x Schnittteil „Seiten"

Stoff 2
> 2x Schnittteil „Vorder- und Rückseite"
> 2x Schnittteil „Seiten"
> 2x Schnittteil „Verschluss"

Vlieseinlage
> 2x Schnittteil „Vorder- und Rückseite" ohne NZG

1 Die Vlieseinlage gemäß Herstellerangaben auf die linke Stoffseite der Futterschnittteile (Stoff 2) bügeln.

2 Beide Verschlussteile jeweils längs r-a-r falten. Die lange und eine kurze Seite absteppen. Auf rechts wenden und die genähten Ränder knappkantig absteppen.

3 Beide Seitenteile aus Stoff 1 r-a-r legen und an der unteren Kante zusammennähen. Die Naht auseinanderbügeln. Das Seitenteil r-a-r an Vorder- und Rückseite aus Stoff 1 nähen. Dafür zunächst die NZG zwischen den Markierungsdreiecken 1 und 2 einige Millimeter einschneiden und die Markierungsdreiecke der Seitenteile r-a-r genau auf die entsprechenden Markierungen von Vorder- und Rückseite stecken. Erst dann festnähen.

4 Die Innentasche aus Futterstoff genauso arbeiten, dabei an einer der geraden Seiten eine 12 cm große Wendeöffnung lassen.
Die Innentasche auf rechts wenden, die Außentasche aus Stoff 1 bleibt auf links.

5 Die Verschlüsse gemäß Markierung mittig so auf die rechte Stoffseite des Futterstoffs stecken, dass die offenen Kanten der Stoffe aufeinanderliegen. Mit Stecknadeln fixieren. Die Außentasche in die Innentasche schieben, die obere Kante mit Stecknadeln fixieren und absteppen. Auf rechts wenden, die Innentasche in die Außentasche schieben und den oberen Rand knappkantig absteppen. Die Wendeöffnung von Hand schließen. Die Tasche durch Bügeln in die fertige Form bringen, dabei die Mitte der Seitenteile gemäß Markierung zur Taschenmitte legen und vorsichtig bügeln.

6 An den Enden der Verschlüsse 2 Druckknöpfe gemäß Herstelleranleitung anbringen. So kann die Tasche in zwei verschiedenen Weiten geschlossen werden. Die Griffe am oberen Rand von Vorder- und Rückseite festnähen. Mittig an der Oberkante 1 Druckknopf an Vorder- und Rückseite anbringen.

KLAPP-CLUTCH

Schnell gemacht zu jedem Outfit

1 Alle Schnittteile bügeln. Das Volumenvlies nach Herstellerangaben je auf die linke Seite des Rosenstoffes bügeln.

2 Die Lederquadrate jeweils diagonal falten und an den unteren Ecken der türkisfarbenen Stoffteile knappkantig am Falz entlang feststeppen.

3 Dann den Reißverschluss anbringen. Dafür den Reißverschluss mit der Zipperseite nach unten an die Schräge des Vorderteils legen. Den Innenstoff mit der rechten Seite nach unten darauflegen und mit Wonderclips fixieren. Alles mit dem Reißverschlussfuß absteppen.

4 Das Ganze wenden und noch einmal knappkantig abnähen. Die andere Seite ebenso arbeiten: Reißverschluss auflegen, Innenstoff r-a-r legen, absteppen, wenden, nochmals absteppen.

5 Den Reißverschluss halb öffnen. Die Stoffe so aufeinanderlegen, dass Außenstoff auf Außenstoff und Innenstoff auf Innenstoff r-a-r liegt. Die Tasche rundum absteppen. Die Clutch durch den offenen Reißverschluss wenden, umknicken, bügeln – und fertig.

GRÖSSE
ca. 28 cm x 33 cm

MATERIAL
* **Stoff 1: Baumwollstoff in Türkis mit Rosenmuster, 2x 30 cm x 35 cm**
* **Stoff 2: Baumwollstoff in Creme mit Pünktchen, 2x 30 cm x 35 cm**
* **Stoff 3: Kunstleder in Braun, 40 cm x 40 cm**
* **Vlieseinlage: Volumenvlies H630, 2x 30 cm x 35 cm**
* **Reißverschluss in Apricot, 25 cm lang**
* **Wonderclips**

SCHNITTMUSTERBOGEN B

ZUSCHNITT
Allen Clutchteilen 1 cm NZG hinzufügen. Volumenvlies ohne NZG zuschneiden.

Stoff 1
> **2x Schnittteil „Klapp-Clutch"**

Stoff 2
> **2x Schnittteil „Klapp-Clutch"**

Stoff 3
> **4x Quadrate, 10 cm x 10 cm**

Vlieseinlage
> **2x Schnittteil „Klapp-Clutch"**

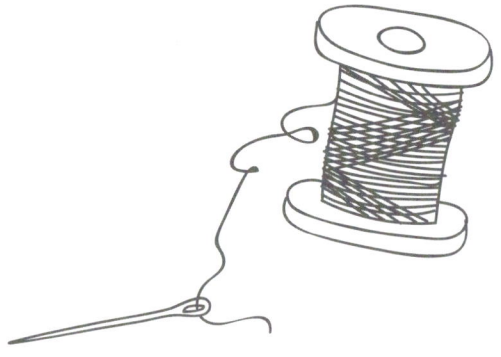

COOLER MUSTERMIX

Shopper mit Seitentaschen

1 Vor dem Nähen die Vlieseinlage je gemäß Herstellerangaben auf die linke Stoffseite der blau-weißen Seitenteile bügeln.

2 Je 2 Verschlussteile r-a-r legen und an der gebogenen Kante zusammennähen. Die NZG einschneiden, Verschlüsse auf rechts wenden und die genähten Ränder knappkantig absteppen.

3 Beide aufgesetzten Taschenteile r-a-r legen und an der oberen Kante zusammennähen. Die NZG einschneiden, das Teil auf rechts wenden und die Oberkante knappkantig absteppen.

4 Das Taschenteil r-a-r auf ein Seitenteil legen und beide Seiten und den Boden knappkantig absteppen, dabei die inneren Ecken aussparen. In der Mitte der aufgesetzten Tasche eine senkrechte Naht nähen. Sie unterteilt die Tasche in zwei kleine Taschen.

5 Beide blau-weißen Seitenteile r-a-r legen und die Seitennähte sowie die Bodennaht schließen, dabei die unteren Ecken nicht zusammennähen. Die Tasche aus Futterstoff genauso nähen, dabei auf einer Seite eine 10 cm lange Wendeöffnung lassen.

6 Bei Außen- und Futtertasche jeweils die Stofflagen der beiden offenen unteren Ecken nach außen ziehen, die Seitennaht genau auf die Bodennaht legen und die offene Naht schließen.

7 Die blau-weiße Außentasche auf rechts wenden. Die Verschlüsse an beiden Taschenseiten gemäß Markierung mit Stecknadeln fixieren, dabei zeigt der gebogene Rand nach unten. Das Gurtband für die Griffe in 2 35 cm lange Stücke teilen. Ein Ende der Bänder jeweils mit Stecknadeln gemäß Markierung an der Außentasche befestigen, dabei liegen die offenen Kanten von Stoff und Webband aufeinander. Das zweite Ende des Trägers zunächst hängen lassen. Die Futterinnentasche auf links über die Außentasche aus Oberstoff stülpen, sodass die rechten Stoffseiten zueinander zeigen. Mit Stecknadeln fixieren. Beide Enden des Gurtbands liegen nun zwischen Oberstoff und Futterstoff.

GRÖSSE
32 cm x 29 cm x 12 cm (ohne Henkel)

MATERIAL
* Stoff 1: Baumwollstoff in Blau-Weiß gemustert, 100 cm x 70 cm
* Stoff 2 (Futter): Baumwollstoff in Grau mit Sternen, 100 cm x 45 cm
* Vlieseinlage: Vlieseline H 320, 100 cm x 45 cm
* Gurtband in Blau, 3,2 cm breit, 70 cm lang
* 2 Druckknöpfe (z.B. Kam Snaps) in Blau, ø 1,2 cm

SCHNITTMUSTERBOGEN B

ZUSCHNITT

Stoff 1
> 2x Schnittteil „Seiten"
> 2x Schnittteil „Tasche"
> 4x Schnittteil „Verschluss"

Stoff 2
> 2x Schnittteil „Seiten"

Vlieseinlage
> 2x Schnittteil „Seiten" (mit NZG für zusätzlichen Halt)

Die NZG einschneiden und die Tasche auf rechts wenden. An beiden Öffnungen am oberen Rand die NZG vorsichtig nach innen umklappen und den gesamten oberen Rand flach bügeln. Dann die beiden Enden des Gurtbands in diese Öffnungen schieben, bis die gewünschte Henkellänge erreicht ist. Mit Stecknadeln fixieren und den oberen Rand nochmals knappkantig absteppen. Die Wendeöffnung von Hand schließen.

10 An den Verschlüssen die Druckknöpfe befestigen. Für einen besseren Griff die Henkel in der Mitte verdoppeln. Dafür die mittleren 12 cm der Henkel längs mittig falten und an den Kanten zusammennähen.

8 Den oberen Rand mit einer Naht schließen. Dabei die beiden Abschnitte aussparen, an denen später das zweite Ende des Gurtbandes befestigt wird. Die Öffnungen liegen nun gegenüber der Stelle, an der das Gurtband auf der anderen Seite bereits befestigt ist.

PICKNICK-TASCHE

Mit viel Stauraum

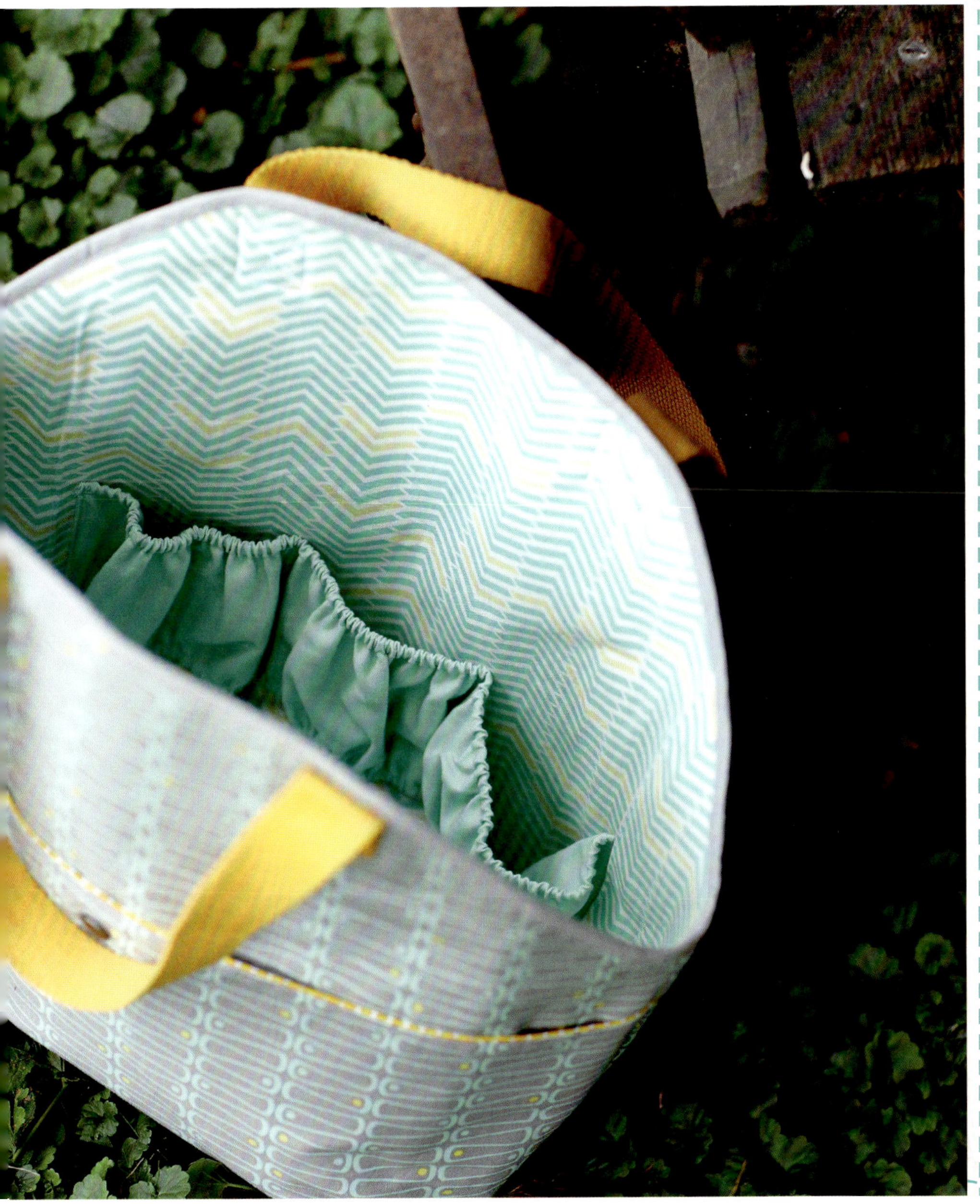

MATERIAL

* Stoff 1: Baumwollstoff in Grau, mit grafischem Muster (Stoff A), 110 cm x 90 cm
* Stoff 2: Baumwollstoff in Mint-Weiß-Gelb mit Zickzackmuster (Stoff B), 110 cm x 50 cm
* Stoff 3 Baumwollstoff in Mint (Stoff C), 70 cm x 50 cm
* Volumenvlies H 630, 55 cm x 90 cm
* Stabile Bügeleinlage S 133, 35 cm x 20 cm
* Decovil I Light, ca. 55 cm x 70 cm
* Paspel in Gelb mit Punkten, 1 cm breit, 55 cm lang
* Gummiband, 5 mm breit, 1,60 m lang
* Vorgefalztes Schrägband in Grau, 2 cm breit (fertige Breite 1 cm), ca. 1,20 m lang
* Gurtband, 3,2 cm breit, 1,20 m lang
* Druckknopf (4-tlg.), ø 1,5 cm
* Kleine Sicherheitsnadel

SCHNITTMUSTERBOGEN A

ZUSCHNITT

Schnittteile und angegebene Maße enthalten 0,75 cm NZG. Die Schnittteile im Stoffbruch zuschneiden.

Stoff 1
> 2x Außenteil A (= Vorder- und Rückseite), Markierung für Teil B und Gurtband auf die rechte Stoffseite übertragen
> 1x Außentasche B

Stoff 2
> 2x Innenteil A (= Vorder- und Rückseite), Markierung für Teil C auf die rechte Stoffseite übertragen

Stoff 3
> 2x Innenfachteil C, 68 cm x 24 cm

Volumenvlies
> 2x Teil A (für Außenteil)

Stabile Einlage
> 1x Rechteck D, 31 cm x 17 cm (für Innenboden)

Decovil
> 2x Teil A (für Innenteil), jedoch nur bis untere Markierung, seitlich ohne NZG
> 2x Kreis E, ø 2 cm

1 Auf den Knopfmarkierungen der jeweiligen Schnittteile die Kreise E aus Decovil aufbügeln. Dann die Vlies- und Decovilzuschnitte A je auf die linke Stoffseite der Außen- und Innenteile A bügeln.

2 Die Außentasche B entlang des Stoffbruchs r-a-r legen. Zwischen den Längskanten die Paspel einschieben (= Oberkante), die Längskanten aufeinanderstecken und zusammennähen. Die NZG auseinanderstreichen. Wenden. Die Oberkante schmal absteppen. Nun die Tasche auf das Außenteil legen und die Unterkante knappkantig festnähen.

3 Die Außenteile r-a-r legen und Seiten- sowie Bodenkanten zusammennähen. Die NZG auseinanderbügeln. Für die seitlichen Bodennähte jeweils Kante A so auf Kante B legen, dass sich eine Ecke bildet. Die offenen Kanten zusammennähen. Wenden. Die Druckknöpfe gemäß Herstelleranleitung befestigen.

WERDEN INNERE VORDER- UND RÜCKSEITE etwas kürzer zugeschnitten, passt sich das Innenteil dem Außenteil besser an und wirkt weniger faltig.

4 Beim Innenfachteil C die NZG an den Schmalseiten nach innen bügeln. Das Teil r-a-r längs zur Hälfte legen, die Längskanten aufeinanderstecken und zusammennähen. Die NZG auseinanderstreichen. Das Teil wenden, die Naht in die Längsmitte schieben und bügeln. Das Teil so hinlegen, dass die Naht auf der Unterseite liegt. Dann parallel zu den Schmalseiten, im Abstand von 22 cm, jeweils eine Linie markieren. Die obere und untere Längskante 8 mm breit absteppen (= Tunnel). Das zweite Innenfachteil ebenso nähen.

5 Das Gummiband vierteln (= je 40 cm), jeweils mithilfe der Sicherheitsnadel in die Tunnel einziehen und das Band am Anfang und Ende feststecken. Die Tunnelöffnungen ca. 5 mm breit absteppen, dabei die Bandenden fixieren.

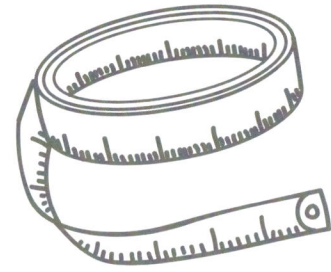

6 Die Innenfachteile auf die Innenteile A legen. An den Schmalseiten sowie entlang der markierten Linien aufstecken und festnähen. Danach die Innenteile r-a-r legen und wie unter Punkt 3 beschrieben sorgfältig zusammennähen.

7 Rechteck D (= stabile Einlage) mit der Klebeseite nach oben legen, das Innenteil mit der linken Stoffseite daraufstellen und von innen bzw. von der rechten Stoffseite aus festbügeln.

8 Das Innenteil l-a-l ins Außenteil schieben, die Oberkanten nach Bedarf bündig schneiden und ca. 4 mm breit zusammennähen. Die Kanten rundum mit Schrägband einfassen, damit an den Innenseite beginnen (siehe Gerade Kante einfassen, Seite 122).

9 Das Gurtband halbieren. Die Enden jeweils 3 cm breit nach hinten umfalten, an den markierten Stellen auf das Außenteil stecken und dann quadrat- sowie kreuzförmig mit dichten, schmalen Zickzackstichen festnähen.

HINWEIS: Die Tasche wird so beschrieben, dass kein zusätzlicher Stoff für den Taschenboden benötigt wird. Soll er sich jedoch farblich abheben oder aus Wachstuch (siehe Foto) gearbeitet sein, dann den Boden zweimal separat zuschneiden. Dabei jeweils an den Längskanten NZG zum Zusammenfügen der Teile berücksichtigen.

ORGANIZER
Täschchen für jede Gelegenheit

GRÖSSE
20 cm x 15 cm

MATERIAL

✤ **Stoff 1:** Baumwollstoff in Grün-weiß mit Zackenmuster, 20 cm x 50 cm

✤ **Stoff 2:** Baumwollstoff in Grün-pink mit Blumen, 42 cm x 25 cm

✤ **Stoff 3 und Futter:** Baumwollstoff in Grün, 30 cm x 50 cm

✤ Volumenvlies H 630, 20 cm x 50 cm

✤ Vlieseline H 180, 30 cm x 40 cm

✤ Schrägband in Grün, vorgefalzt, 22 cm lang

✤ Reißverschluss in Pink, 22 cm lang

SCHNITTMUSTERBOGEN B

ZUSCHNITT

Stoff 1

➤ **2x Schnittteil „Rück- und Vorderteil"**

Stoff 2

➤ **1x Schnittteil „Fächerteil 1 und 2" im Stoffbruch**

➤ **1x Schnittteil „Fächerteil 1 und 2" ohne Stoffbruch**

Stoff 3 und Futter

➤ **2x Schnittteil „Rück- und Vorderteil"**

➤ **1x Schnittteil „Tragegriff"**

Volumenvlies

➤ **2x Schnittteil „Rück- und Vorderteil"**

Vlieseinlage

➤ **2x Schnittteil „Fächerteil 1 und 2"**

3 Den Reißverschluss mit der Raupe nach unten auf die rechte Seite des Fächerteils 2 legen und entlang der oberen Kante mithilfe eines Reißverschlussfüßchens aufnähen. Den Reißverschluss hochklappen und entlang der Stoffkante schmalkantig absteppen. Das Fächerteil wie im Schnitt eingezeichnet auf das Vorderteil legen und feststecken.

4 Das Schrägband auf die Reißverschlusskante legen und an beiden langen Kanten festnähen.

5 Vorder- und Rückteil r-a-r aufeinanderlegen und die Seiten- und Bodennaht nahtbreit zusammennähen. Die noch offenen Ecken aufeinanderlegen und schließen. Danach den Organizer auf rechts wenden.

6 Die Futterteile genauso nähen, dabei an der unteren Kante eine Wendeöffnung von ca. 8 cm lassen.

7 Die NZG des Tragegriffs an den langen Kanten 1 cm breit nach links bügeln. Den Streifen längs mittig falten, bügeln und an der offenen Kante schmalkantig zusammennähen. Den Griff zur Schlaufe legen und an der oberen Kante einer Naht des Organizers mit großen Stichen annähen.

8 Das Futter so über die Außentasche ziehen, dass die rechten Seiten innen aufeinanderliegen. An der oberen Kante rundum zusammennähen. Den Organizer durch die Wendeöffnung wenden und die Öffnung unsichtbar von Hand schließen. Die obere Kante schmalkantig absteppen.

1 Das Volumenvlies jeweils auf die linke Seite der Vorder- und Rückteile bügeln. Die Vlieseline je auf die linke Seite der Fächerteile bügeln.

2 Anschließend Fächerteil 1 mittig zusammenklappen und bügeln. Das Fächerteil auf das Rückteil des Organizers legen und mittig aufsteppen.

SHOPPER ZUM EINFALTEN

Geräumige Einkaufstasche

GRÖSSE
32 cm x 38 cm

MATERIAL
* **Stoff 1: Baumwollstoff in Smaragd-grün geblümt, 30 cm x 68 cm**
* **Stoff 2: Baumwollstoff in Türkis geblümt, 18 cm x 60 cm**
* **Stoff 3: Baumwollstoff in Türkis, 25 cm x 68 cm**
* **Samtband in Orange, 68 cm lang**
* **Kordel in Hellblau, ø 3 mm, 52 cm lang**
* **Kordelstopper in Transparent**
* **Sicherheitsnadel**

SCHNITTMUSTERBOGEN B

ZUSCHNITT
Stoff 1
> **2x Schnittteil „Shopper"**
Stoff 2
> **2x Schnittteil „Ecken"**
> **2x Schnittteil „Griffe" im Stoffbruch**
Stoff 3
> **2x Schnittteil „Blende"**
> **2x Schnittteil „Tunnel"**

1 Die Blenden je r-a-r auf die obere Kante der Taschenschnittteile legen und nahtbreit zusammennähen. Die Naht versäubern und bügeln. Dann das Samtband aufnähen.

2 Die NZG der Tunnelzugstreifen an den schmalen Seiten nach links bügeln und zum Versäubern nahtbreit absteppen. Die Streifen längs l-a-l falten und bügeln. Die Streifen jeweils mit den offenen Längskanten mittig an die lange, umgebügelte Kante der dreieckigen Ecken aus Stoff 2 legen und nahtbreit annähen. Den Streifen hochklappen und nochmals bügeln.

3 Die Dreiecke jeweils l-a-r auf die untere Ecke der Taschenvorder- und -rückseite legen, feststecken und entlang der Dreieckskanten schmal-kantig aufsteppen.

4 Beide Taschenteile anschlie-ßend r-a-r aufeinanderlegen und nahtbreit an den drei Seiten zusam-mennähen. Die Nähte versäubern. Nun die oberen Taschenkanten zwei-mal je 2 cm breit nach links umbü-geln und schmalkantig feststeppen.

5 Die NZG der kurzen Seiten der Griffe nahtbreit nach links umbügeln. Die Streifen längs r-a-r falten und nahtbreit zusammennähen. Die Strei-fen mithilfe einer Sicherheitsnadel wenden und bügeln. Die Träger ge-mäß Schnittmuster auf der linken Sei-te des Taschenrandes feststecken und mit einem Rechteck und einem Kreuz feststeppen.

6 Zum Schluss die Kordel mithilfe einer Sicherheitsnadel durch die Tun-nelzüge ziehen, den Kordelstopper auffädeln und die Kordelenden ver-knoten.

SCHÖNER
SHOPPEN

Für jede Gelegenheit

1

Die Vlieselinezuschnitte auf die Rückseite der äußeren Taschenteile C bügeln. Ripsband für die Henkel halbieren, jeweils doppelt legen und offene Kanten knappkantig zusammennähen. Henkel auf der rechten Stoffseite an den markierten Stellen festnähen, dazu innerhalb der NZG über die Enden nähen.

2

Über den Knopfmarkierungen a Decovilkreise aufbügeln und jeweils die oberen Druckknopfteile anbringen. Innere und äußere Taschenteile C r-a-r aufeinanderlegen und obere Kanten zusammennähen. NZG auseinanderbügeln. Taschenteile l-a-l legen, Oberkante von rechts 7 mm breit absteppen.

3

Taschenteile C jeweils auf rechte Seite der oberen Außenbeutelteile A legen. Untere Außenbeutelteile B r-a-r auf der unteren Kante feststecken (siehe Zeichnung) und durch alle Lagen festnähen. Über den Knopfmarkierungen b Decovilkreise aufbügeln, dann Volumenvlieszuschnitte auf die Rückseite der äußeren Beutelteile A/B und des äußeren Bodenteils D bügeln. Untere Druckknopfteile anbringen. Beutelteile r-a-r aufeinanderlegen und seitliche Kanten zusammennähen. NZG auseinanderbügeln. Danach untere Beutelkante r-a-r am Bodenteil festnähen. NZG an Rundungen einkerben.

4

Für das Innentäschchen das Stoffquadrat r-a-r doppelt legen, an der offenen Längskante mittig eine Wendeöffnung (6 cm) markieren. Kanten aufeinanderstecken und bis auf Öffnung zusammennähen. NZG auseinanderstreichen, Ecken abschrägen. Täschchen wenden, die Ecken ausformen, so auf Innenbeutelteil E legen, dass die Bruchkante an der oberen Anstoßlinie liegt. Ggf. das Täschchen mit dichtem Zickzackstich längs unterteilen, danach seitliche und untere Kante festnähen, dabei Öffnung schließen.

5

Decovilzuschnitt auf die Rückseite des inneren Bodenteils bügeln. Innenbeutelteile r-a-r aufeinanderstecken und seitliche Kanten bis auf Wendeöffnung zusammennähen. NZG auseinanderbügeln. Danach untere Kante r-a-r am inneren Bodenteil festnähen. NZG an Rundungen einkerben.

6

Außen- und Innenbeutel r-a-r ineinanderschieben, Oberkanten ringsum zusammennähen. NZG auseinanderstreichen. Beutel wenden, Öffnung mit Maschinenstichen knappkantig schließen. Oberkante von rechts 2–3 mm breit absteppen. Restliche Druckknopfteile als Zierde ca. 15 mm oberhalb der Henkelenden befestigen.

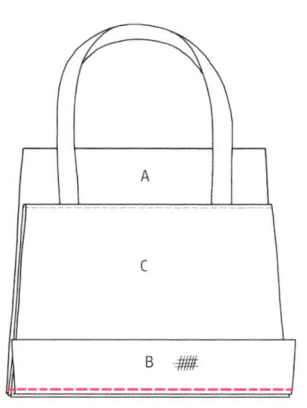

GRÖSSE

ca. 38/35 cm x 30 cm (ohne Henkel), 12 cm tief

MATERIAL

- ✴ Stoff 1: Baumwollstoff in Rot mit Hundemotiven, 100 cm x 55 cm
- ✴ Stogg 2: Baumwollstoff in Lila mit Blumenmotiven, 100 cm x 50 cm
- ✴ Stoff 3: Baumwollstoff in Rot-Weiß-Lila kariert, 100 cm x 65 cm
- ✴ Volumenvlies H 630, 50 cm x 90 cm
- ✴ Vlieseline H 180, 30 cm x 90 cm
- ✴ Decovil I, 15 cm x 40 cm
- ✴ Kräftiges Baumwollband oder Ripsband in Lila, ca. 28 mm breit, 2,50 m lang
- ✴ 4x Druckknopf „Color Snap" in Lila, ø 12,4 mm

SCHNITTMUSTERBOGEN B

ZUSCHNITT

Bei allen Schnittteilen ist ringsum 1 cm NZG enthalten. Stoffe jeweils doppelt legen, um den Schnitt ab Stoffbruch (= gestrichelte Linie) spiegelgleich ergänzen zu können.

Stoff 1

- ➤ 2x Oberes Außenbeutelteil A, Markierung für Knopf auf rechte Stoffseite übertragen
- ➤ 2x Taschenteil C (= Außenseite), Markierungen für Henkel auf rechte Stoffseite übertragen

Stoff 2

- ➤ 2x Unteres Außenbeutelteil B
- ➤ 2x Taschenteil C (= Rückseite), Markierung für Knopf auf rechte Stoffseite übertragen
- ➤ 1x Bodenteil D (= außen)

Stoff 3

- ➤ 2x Innenbeutelteil E, Markierungen fürs Innentäschchen auf rechte Stoffseite übertragen
- ➤ 1x Bodenteil D (= innen)
- ➤ 1 Quadrat, 27 cm x 27 cm, für das Innentäschchen

Volumenvlies

- ➤ 2x Beutelteil E (für Außenbeutel)
- ➤ 1x Bodenteil D (für Außenboden)

Vlieseline

- ➤ 2x Taschenteil C

Decovil

- ➤ 1x Bodenteil D ohne NZG für den Innenboden
- ➤ 4 Kreise à 2,5 cm ø zum Verstärken der Knopfstellen

Für Kids

TEDDYBÄR

Ein kuscheliges Kurvenwunder

1   Die Stoffe vor dem Verarbeiten waschen. So können die Stoffe schon mal einige Zentimeter eingehen. Außerdem hält die Stoffmalfarbe auf Stoff ohne Imprägnierung besser. Dann die Ohren nähen. Dafür immer ein Schnittteil aus Oberstoff und ein Schnittteil aus Futterstoff r-a-r legen und den oberen gebogenen Rand zusammennähen. Die NZG v-förmig einschneiden, die Ohren auf rechts drehen und flach bügeln. Die Ohren zur Seite legen.

2   Jeweils 2 Armteile r-a-r legen und den äußeren Rand zusammennähen. Die Kurven langsam Schritt für Schritt nähen. Dafür immer 2 bis 3 Stiche nähen, die Nadel in den Stoff absenken, den Nähfuß anheben und den Stoff neu ausrichten. Dann den Nähfuß absenken und wieder einige Stiche nähen. Die Technik dauert zwar etwas länger, dafür wird sie sehr ordentlich, da man den Stoff immer wieder neu positioniert und die NZG gleichmäßig wird. Beim Nähen der Arme eine Wendeöffnung lassen. Die NZG an den Außenbögen v-förmig bis ca. 2 mm vor der Nahtlinie einschneiden, an den Innenbögen gerade bis ca. 2 mm vor der Naht einschneiden.

3   Die Arme auf rechts wenden, vorsichtig mit Watte füllen, bis die Arme fest gefüllt sind. Dann die Wendeöffnung mit einem Matratzenstich schließen. Die Arme – wie schon die Ohren – zur Seite legen.

4   Von Stoff 1 ein ca. 21 cm x 15 cm großes Stück abschneiden. Von Stoff 2 ein ca. 15 cm x 7 cm großes Stück zuschneiden. Den Streifen von Stoff 2 r-a-r oben in der Mitte auf Stoff 1 legen. Den oberen Rand zusammennähen, auffalten und die Naht flach bügeln. Den Stoff senkrecht so falzen, dass die rechte Stoffseite innen liegt. Ein Beinteil darauflegen, mit dem Bleistift nachzeichnen und ausschneiden.

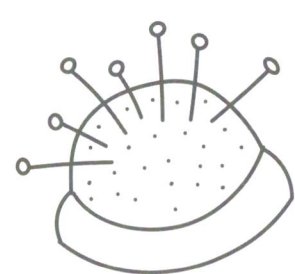

5   Das Bein am äußeren Rand zusammennähen, die äußeren Bögen v-förmig bis ca. 2 mm vor der Nahtlinie einschneiden, an den Innenbögen gerade bis ca. 2 mm vor der Naht einschneiden. Das zweite Bein genauso arbeiten.

GRÖSSE
15 cm (bei angelegten Armen) x 38 cm x 6 cm

MATERIAL
* **Stoff 1: Wollstoff in Braun, 70 cm x 40 cm**
* **Stoff 2: Baumwolle in Beige mit bunten Punkten, 40 cm x 20 cm**
* **Stoff 3: Baumwolle in Hellbraun, Rest**
* **Stoff 4: Baumwolle in Pink, Rest**
* **Stoff 5: Jersey gestreift, 30 cm x 3 cm**
* **Füllwatte, 100–150 g**
* **Stoffmalfarbe in Schwarz**
* **Haarpinsel**
* **2 Knöpfe in Braun, ø 10 mm**

SCHNITTMUSTERBOGEN A

ZUSCHNITT
**Die NZG ist bereits im Schnittmuster eingezeichnet.
Die mit Sternchen (*) gekennzeichneten Teile werden erst nach dem Zusammennähen zugeschnitten. Dies wird in der Anleitung im entsprechenden Schritt erklärt. Aus dem Grund wird Stoff 2 nicht in der Zuschnittliste aufgeführt.**

Stoff 1
> **4x Schnittteil „Teddybär Arme"**
> **2x Schnittteil „Teddybär Körper" ***
> **4x Schnittteil „Teddybär Beine" ***
> **2x Schnittteil „Teddybär Ohren"**

Stoff 3
> **2x Schnittteil „Teddybär Schnauze"**

Stoff 4
> **2x Schnittteil „Teddybär Ohren"**

6 Die Beine auf rechts wenden und vorsichtig mit Watte füllen, bis sie fest gefüllt sind. Dann am oberen Rand das Bein nicht so legen, dass die Naht rechts und links liegt (in dem Fall würde der Fuß später komplett nach außen zeigen), sondern bei einem Bein die vordere Stofflage am Bein nach links schieben, den hinteren Stoff nach rechts. Beim anderen Bein genau spiegelverkehrt arbeiten. Wenn Sie die obere Webkante festhalten, stehen die Beine nicht nach außen, sondern etwas nach vorne. Den oberen Rand knappkantig absteppen, sodass nichts mehr verrutschen kann, und ebenfalls zur Seite legen.

7 Die Schnauzenteile r-a-r legen und den äußeren Rand zusammennähen. Eine Wendeöffnung ist nicht erforderlich, Den Rand alle paar Zentimeter v-förmig bis ca. 2 mm vor der Naht einschneiden, dann in eine der Stofflagen ein X zum Wenden schneiden. Die Schnauze durch dieses X auf rechts wenden und flach bügeln. Die Schnauze zu den Beinen, Armen und Ohren legen.

WER MAG, kann eine kleine Portion Watte in die Schnauze füllen und das „Wende-X" von Hand mit ein paar groben Stichen zusammennähen

8 Für den Körper zunächst Stoff 1 und Stoff 2 so zusammennähen, dass der Teddy gleich eine Hose trägt. Dafür aus Stoff 1 ein 34 cm x 23 cm großes Stück, aus Stoff 2 ein 34 cm x 12 cm großes Stück zuschneiden, r-a-r legen und am unteren Rand zusammennähen. Den Stoff aufklappen und flach bügeln. Dann senkrecht so falzen, dass die rechte Stoffseite innen liegt. Das Schnittmuster für den Körper auf das Patchworkteil übertragen und ausschneiden.

9 Alle Teddyteile zusammensetzen.

DER TEDDY LÄSST SICH AUCH PRIMA als Patchwork-Teddy aus alten Kleidungsstücken nähen. Vielleicht haben Sie noch eine alte Hose für den Körper und eine alte Bluse für die Hose und die Ohren. Dann wird es ein Erinnerungsteddy.

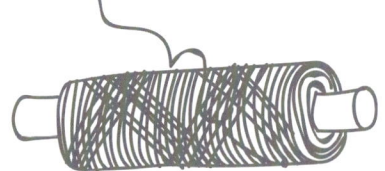

RIEMCHEN-SCHUHE

Für die Dame von Welt

GRÖSSE
14/15-18/19

MATERIAL
* **Stoff 1:** Baumwollstoff in Rosa mit Ornamenten, 25 cm x 55 cm
* **Stoff 2 (Futter):** Baumwollstoff in Hellrosa, 25 cm x 40 cm
* **Vlieseline H250**, 40 cm x 50 cm
* **2 Druckknöpfe**

SCHNITTMUSTERBOGEN A

ZUSCHNITT

Stoff 1
> **2x Schnittteil „Schuh"**
> **2x Schnittteil „Sohle"** (1x in doppelter Stofflage)
> **4x Schnittteil „Riemchen"**
> **2x Schnittteil „Schleife"**
> **2x Schnittteil „Schleifenband"**

Stoff 2
> **2x Schnittteil „Schuh"**
> **2x Schnittteil „Sohle"** (1x in doppelter Stofflage)

Vlieseline
> **4x Schnittteil „Schuh"**
> **4x Schnittteil „Sohle"** (2x in doppelter Stofflage)

1 Die Schnittteile aus Vlieseline gemäß Herstellerangaben je auf die linke Seite aller Teile „Sohle" und „Schuh" aufbügeln.

2 Das entsprechende Papierschnittteil unter alle Teile „Sohle" legen und an der Markierung C vorn am Schuh eine Stecknadel einstechen. Das passende Papierschnittteil unter alle Teile „Schuh" legen und die vordere Mitte an der Pfeilmarkierung mit einer Stecknadel markieren.

3 Ein Teil „Schuh" aus Oberstoff an der vorderen Mitte r-a-r so falten, dass beide Seiten exakt aufeinanderliegen. Die offene Fersenkante mit 1 cm NZG zusammennähen und die NZG auseinanderbügeln.

4 Den fertigen Schuh und eine Sohle aus Oberstoff an der vorderen Mitte r-a-r so übereinanderlegen, dass die Nadeln genau aufeinandertreffen. Die Teile zusammenstecken und ausgehend von der vorderen Mitte

den Schuh mit 3 mm NZG an die Sohle nähen, dabei 3 cm vor der Ferse stoppen. Die zweite Rundung ebenso nähen. Die abschließende Fersenrundung in kleinen Abschnitten von der Ferse ausgehend nähen und die NZG im Fersenbereich dabei auseinanderklappen.

5 Den Schuh aus Futterstoff ebenso anfertigen, dabei jedoch 7 mm als NZG verwenden, damit der Schuh etwas kleiner wird und später perfekt in den Oberschuh passt. Seitlich am Schuh aus Futterstoff eine Wendeöffnung von 3 cm lassen. Die NZG an der Sohle um 4 mm kürzen, dabei jedoch an der Wendeöffnung die volle NZG stehen lassen.

6 Den Schuh aus Futterstoff auf rechts wenden und in den auf links liegenden Oberschuh hineinstecken, sodass die oberen offenen Kanten bündig liegen. Die NZG an der Ferse beider Schuhe dabei auseinanderklappen und darauf achten, dass die Nähte passgenau übereinanderliegen. Dann beide Schuhe am oberen Rand mit 5 mm NZG zusammensteppen. NZG um 3 mm kürzen.

7 Den Schuh durchs Futter wenden und alle Rundungen gut ausformen. NZG an der Wendeöffnung nach innen klappen und die Öffnung im Futterstoff knappkantig schließen oder von Hand mit Matratzenstich unsichtbar zunähen. Futterschuh in den Oberschuh einlegen und nochmals alle Rundungen gut ausformen.

8 Je 2 Teile „Riemchen" r-a-r übereinanderlegen und ausgehend von der Mitte einmal rundherum mit 5 mm NZG zusammensteppen, dabei mittig an einer Seite eine Wendeöffnung von 2–3 cm lassen. NZG um 2 mm kürzen und das Riemchen auf rechts wenden. NZG an der Wendeöffnung nach innen legen und Öffnung mit einer Stecknadel schließen. Das Riemchen bügeln und rundherum 2 mm breit absteppen, dabei wird die Wendeöffnung automatisch geschlossen.

9 Das Riemchen wie im Schnittteil „Schuh" eingezeichnet an einer Seite an den Schuh nähen. Beim rechten Schuh wird der Riemen an die linke Seite genäht, beim linken Schuh an die rechte. Anschließend Druckknöpfe anbringen.

10 Ein Teil „Schleifenband" mit der rechten Stoffseite auf das Bügelbrett legen und beide Längsseiten jeweils 5 mm nach links umbügeln. Dann das gesamte Band noch einmal in der Mitte falten und bügeln. Die langen Seiten 2 mm breit absteppen. Dann zum Ring falten, sodass eine kleine Schlaufe entsteht und das Ende 5 mm breit absteppen. NZG um 3 mm kürzen und den Ring wenden, sodass die Naht innen liegt.

11 Ein Teil „Schleife" mittig längs r-a-r falten und die offene Kante 1 cm breit absteppen. NZG auf der Rückseite auseinanderbügeln und den Schlauch auf rechts wenden. Schleife mittig falten, sodass eine Schlaufe entsteht und das offene Ende 5 mm breit absteppen. Die NZG um 3 mm kürzen, den Ring auf rechts wenden und die NZG mittig positionieren. Die fertige Schleife einmal längs mittig falten und beide Seitenkanten dann noch einmal nach unten bzw. oben falten, sodass eine typische Schleifenfaltung entsteht. In der Mitte zusammendrücken, einen Faden zur Fixierung herumwickeln und verknoten.

12 Den kleinen Ring über die Schleife stülpen und bis zur Mitte schieben. Fertige Schleife mittig an die Vorderseite des Schuhs nähen. Den 2. Schuh genauso arbeiten.

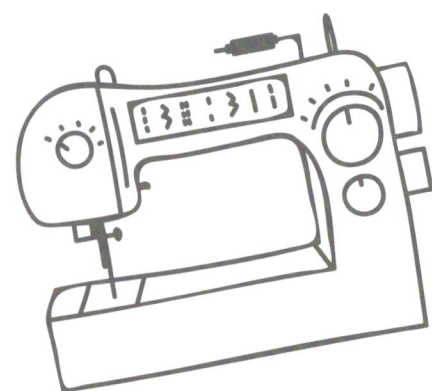

MINI-GELDBEUTEL

Das erste Taschengeld sicher verwahrt

GRÖSSE

ca. 10 cm x 9 cm

MATERIAL

- ✴ **Stoff 1: Baumwollstoff in Rosa-Weiß kariert, 50 cm x 15 cm**
- ✴ **Stoff 2: Baumwollstoff in Blau mit Blumen, Rest**
- ✴ **Stoff 3: Baumwollstoff in Rosa, Rest**
- ✴ **Stoff 4: Baumwollstoff in Grün mit weißen Pünktchen, Rest**
- ✴ **Vlieseline H180, Rest**
- ✴ **Vliesofix, Rest**
- ✴ **Dekoband in Rot mit weißen Pünktchen, 10 mm breit, 4 cm lang**
- ✴ **Standard-Reißverschluss in Grün, 12 cm lang**

SCHNITTMUSTERBOGEN A

ZUSCHNITT

Die Schnittteile A und B enthalten 0,75 cm NZG.
Applikation: Vorlage auf Vliesofix-Papierseite aufzeichnen, großzügig ausschneiden, auf die linke Stoffseite bügeln und exakt ausschneiden.

Stoff 1
- ➤ **4x Beutelteil A (= Innen- und Außenteile), Markierungen für Ohren und Applikationen auf rechte Stoffseite des vorderen Außenteils übertragen**

Stoff 2
- ➤ **4x Ohrenteil B**

Stoff 3
- ➤ **2x Bäckchen C (= Applikation)**

Stoff 4
- ➤ **1x Nase D (= Applikation)**

Vlieseline
- ➤ **2x Beutelteil A (für Außenteile)**

1 Vlieselineteile jeweils auf die linke Seite der Außenteile bügeln. Bäckchen und Nase je auf die rechte Stoffseite des vorderen Außenteils aufbügeln und mit dichtem Zickzackstich applizieren. Augen mit dichtem Zickzackstich aufsticken. Für die Wimpern jeweils die Stichbreite verdoppeln und per Handrad 2–3 Stiche nähen, den Stoff direkt vor dem Einstechen zurechtschieben.

2 Je 1 Innen- und Außenteil r-a-r legen, den geöffneten Reißverschluss an den Oberkanten zwischen die Stofflagen schieben; dabei liegt die rechte Seite des Reißverschlusses auf der rechten Seite des Außenteils. Reißverschluss festnähen, dazu den Reißverschlussfuß einsetzen. NZG an den Oberkanten einkerben. Die zweite Reißverschlusshälfte ebenso zwischen dem anderen Innen- und Außenteil einschieben und festnähen. Überstehendes Reißverschlussende abschneiden.

3 Jeweils 2 Ohrenteile r-a-r aufeinanderstecken und zusammennähen, dabei eine Wendeöffnung offen lassen. NZG zurückschneiden, Ecken abschrägen. Ohren wenden, dann zwischen den markierten Stellen auf das vordere Außenteil stecken und knappkantig festnähen, dabei die Wendeöffnung schließen.

4 Dekoband zur Hälfte legen, an der markierten Stelle auf der rechten Stoffseite festnähen, dafür innerhalb der NZG über die Enden nähen.

5 Außen- und Innenteile jeweils für sich r-a-r legen, der halb geöffnete Reißverschluss liegt in der Mitte. Nun die Kanten ringsum aufeinanderstecken, dabei zeigen die Reißverschlusszähnchen Richtung Außenbeutel. Kanten zusammennähen, dabei beim Innenbeutel an der Wendeöffnung beginnen. NZG auseinanderstreichen, an den Rundungen einkerben.

6 Beutel wenden, ausformen und die Wendeöffnung knappkantig mit Maschinenstichen schließen. Zuletzt den Innenbeutel in den Außenbeutel schieben.

COOLE WENDEBEANIE

Auch als Longbeanie anschmiegsam

1 Den Futterstoff (Stoff 2) im Bruch r-a-r legen und die kurze gebogene Seitennaht auf der einen Seite schließen. Danach die lange Außennaht auf der anderen Seite zusammennähen, dabei eine kleine Wendeöffnung lassen.

2 Die Mütze so auseinanderfalten, dass die bereits geschlossenen Nähte aufeinanderliegen. Die obere Kante mit einer durchgehenden Naht schließen.

3 Die gleichen Arbeitsschritte mit dem Oberstoff (Stoff 1) wiederholen, die Außennaht dabei allerdings vollständig schließen. Hier braucht keine Wendeöffnung belassen werden.

4 Beide Mützenteile r-a-r ineinanderstecken und die untere Naht schließen. Die Mütze durch die Wendeöffnung wenden.

5 Nun heißt es: Anprobieren! Ist die Beanie zu groß, die Mütze nochmals wenden und von der hinteren Naht noch etwas mehr abnähen. Ist sie zu klein, wird sie zu einem tollen Geschenk!

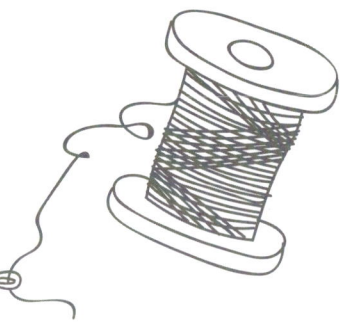

GRÖSSE
für Kopfumfang 50/52 cm bis 54/56 cm

MATERIAL
Für Mädchen
* **Stoff 1: Baumwolljersey in Pink mit Einhörnern, 35 cm x 140 cm**
* **Stoff 2 (Futter): Baumwolljersey in Uni, farblich passend, 35 cm x 140 cm**

Für Jungen
* **Stoff 1: Baumwolljersey in Blau mit Haien, 35 cm x 140 cm**
* **Stoff 2 (Futter): Baumwolljersey in Uni, farblich passend, 35 cm x 140 cm**

SCHNITTMUSTERBOGEN A

ZUSCHNITT
Die NZG beträgt an allen Kanten und Nähten 1 cm. Die Futter-Schnittteile (Stoff 2) mit 7 mm NZG zuschneiden.

Stoff 1
> **1x Hutteil im Stoffbruch**

Stoff 2
> **1x Hutteil im Stoffbruch**

DIE MÜTZE KANN ALS LONGBEANIE, mit locker sitzendem Hinterkopf, getragen werden, oder man schlägt 5 cm der Mütze als Rand um. Wer die Mütze als Wendemütze verwenden will, schließt die Wendeöffnung mit der Hand. Ansonsten reicht auch ein knappkantiger Geradstich.

AUF DEN OBERSTOFF kann nach Belieben appliziert werden, so wird jede Beanie zum Einzelstück! Das Applizieren bzw. Verzieren sollten Sie vornehmen, bevor Sie die Stofflagen zusammennähen.

ZARTE HAAR-UMSCHMEICHLER

Edle Schmetterlings-Haarklammer

1 Die Stoffkreise jeweils zu einem Halbkreis falten und nacheinander mit großzügigen Heftstichen durch den runden Rand nähen.

2 Nacheinander 1 großen Flügel in Rosa, 2 kleine Flügel in Grau-Rosa und 1 großen Flügel in Rosa auffädeln und zu einem Kreis verknoten.

3 Das schmale Geschenkband als Schmetterlingskörper um die Flügel herumwickeln und mit Heißkleber festkleben.

4 Die Staubblätter kürzen und als Fühler unter das Band kleben.

5 Den Schmetterling mit Heißkleber auf die Haarklammer aufkleben.

GRÖSSE

Schmetterling ca. 4,5 cm x 3 cm

MATERIAL

* Stoff 1: Baumwollstoff in Rosa, Rest
* Stoff 2: Baumwollstoff in Grau-Rosa, Rest
* Zwirn
* Schmales Geschenkband in Schwarz, 0,5 cm breit, 5 cm
* 2 Staubblätter für Seidenblumen
* Haarklammer
* Heißkleber

ZUSCHNITT

Stoff 1
> 2 Kreise, ø 4,5 cm

Stoff 2
> 2 Kreise, ø 3,0 cm

SKIZZE SEITE 124

HEFTHÜLLE

Hingucker in jedem Klassenzimmer

GRÖSSE
15,5 cm x 21,5 cm (für DIN A5)

MATERIAL

✳ **Stoff 1: Baumwollstoff in Weiß mit roten Pünktchen, 35 cm x 35 cm**

✳ **Stoff 2: Baumwollstoff in Lila mit weißen Punkten, 35 x 25 cm**

✳ **Stoff 3-9: Baumwollstoff in 7 weiteren Farben mit Blümchen-, Karo- und Punktemustern, Reste**

✳ **Zackenlitze in Lila, 3–4 mm breit, 35 cm lang**

✳ **Dekoteil zum Aufnähen, z.B. Button, Sticker, Knopf, Stoffblüte**

ZUSCHNITT

Die angegebenen Maße enthalten, wenn nicht anders angegeben, 0,75 cm NZG.

Stoff 1

> **2 Quadrate, 6,5 cm x 6,5 cm für das Außenteil**
> **1 Rechteck, 31,5 cm x 7,5 cm für das Außenteil**
> **1 Rechteck, 31,5 cm x 23 cm (= Innenteil)**

Stoff 2

> **2 Quadrate, 6,5 cm x 6,5 cm für das Außenteil**
> **2 Rechtecke, 13,5 cm x 23 cm (= Einstecklaschen)**

Stoff 3–9

> **Je 2 Quadrate, 6,5 cm x 6,5 cm für das Außenteil**

1 Für das Außenteil 3 Streifen aus je 6 kleinen Stoffquadraten nähen; dazu die Seitenkanten r-a-r zusammennähen. Diese 3 Querstreifen untereinander legen: nun beim oberen und unteren Streifen alle NZG nach links bügeln, beim mittleren Streifen nach rechts. Die Streifen an den langen Kanten r-a-r zusammennähen. Obere NZG nach oben, untere NZG nach unten bügeln.

2 Die Unterkante des zusammengesetzten Außenteils r-a-r auf das Außenteil-Rechteck stecken, Kanten zusammennähen. NZG nach unten bügeln. Zackenlitze auf der rechten Stoffseite über dieser Naht festnähen.

3 Die Rechtecke der Einstecklaschen längs mittig l-a-l falten (= 6,75 cm x 23 cm) und Bruchkante bügeln.

4 Das Innenteil mit der rechten Seite nach oben auf die Arbeitsfläche legen. Die Einstecklaschen rechts und links bündig auflegen, Bruchkanten liegen innen (siehe Zeichnung).

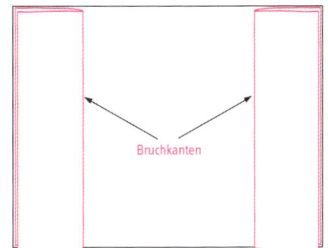

Bruchkanten

Nun das Außenteil mit der rechten Seite nach unten auflegen, an der Unterkante mittig eine 7 cm lange Wendeöffnung markieren. Kanten ringsum 5 mm breit zusammennähen, Wendeöffnung offen lassen. NZG auseinanderstreichen, Ecken abschrägen.

5 Die Hülle wenden, ausformen und bügeln. Die Wendeöffnung mit Handstichen oder mit der Maschine schließen. Zuletzt auf der Vorderseite das Dekoteil an der gewünschten Stelle aufnähen.

KUSCHEL-WASCHBÄR

Superheld, der für jeden Spaß zu haben ist

1 Applikationsmotive E–L je auf die rechte Stoffseite bügeln und mit dichtem Zickzackstich applizieren, die seitlichen Kanten von Gesicht- und Schwanzstreifen jedoch aussparen. Mund mit dichtem Zickzackstich, Bauchnabel in Kreuzform mit Geradstich aufnähen. Pupillen mit dichtem Zickzackstich oder von Hand mit Sticktwist aufsticken.

2 Schwanzteile D r-a-r aufeinanderstecken und bis auf die obere gerade Kante (= Wendeöffnung) zusammennähen. NZG zurückschneiden. Den Schwanz wenden, mit Füllwatte ausstopfen und r-a-r zwischen den markierten Stellen auf der Oberkörper-Rückseite innerhalb der NZG festnähen.

3 Oberkanten der Fußteile C jeweils r-a-r auf die unteren Kanten der Hosenteile B nähen. Die oberen Kanten der Hosenteile r-a-r auf die unteren Kanten der Oberkörperteile nähen und NZG auseinanderstreichen.

4 Vorder- und Rückseite r-a-r aufeinanderlegen, der Schwanz liegt dabei zwischen den Stofflagen. Kanten ringsum zusammennähen, dabei eine Wendeöffnung lassen. NZG beschneiden. Waschbär wenden, ausformen und mit Füllwatte ausstopfen. Wendeöffnung von Hand schließen.

GRÖSSE
ca. 18 cm x 34 cm

MATERIAL
* Stoff 1: Nickistoff in Grau, 55 cm x 40 cm
* Stoff 2: Baumwollstoff in Blau mit weißen Sternchen, Rest
* Stoff 3: Baumwollstoff in Weiß, Rest
* Stoff 4: Baumwollstoff in Dunkelgrau, Rest
* Füllwatte, ca. 80 g
* Vliesofix, Rest
* Sticktwist in Dunkelgrau
* Sticknadel

SCHNITTMUSTERBOGEN A

ZUSCHNITT
Die Schnittteile enthalten ringsum 0,75 cm NZG.
Applikation: Vorlage auf Vliesofix-Papierseite aufzeichnen, großzügig ausschneiden, auf die linke Stoffseite bügeln und exakt ausschneiden.

Stoff 1
> 2x Oberkörper A (= Vorder- und Rückseite), Markierungen für Applikationen auf rechte Stoffseite der Vorderseite, für den Schwanz auf rechte Stoffseite der Rückseite übertragen
> Je 2x Fußteil C
> 2x Schwanzteil D, Markierungen für Applikationen auf rechte Stoffseite übertragen

Stoff 2
> 2x Hosenteil B
> 1x Gesichtsstreifen E (= Applikation)

Stoff 3
> 2x Auge F (= Applikation)
> 2x Innenohrteil G (= Applikation)
> 2x Zahn H (= Applikation)
> 1x Bauch I (= Applikation)
> Je 2x Schwanzstreifen J+K (= Applikationen; davon je 1x spiegelverkehrt aufzeichnen)

Stoff 4
> 1x Nase L (= Applikation)

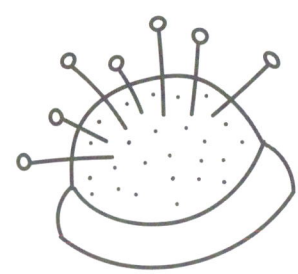

„DU BIST RAUS"

Wendetischdecke mit aufgenähtem Spielplan

1 Die Applikationsmotive C sowie E–G auf die rechte Stoffseite von Spielplan B bügeln, dann D aufbügeln. Erst danach von der Rückseite des Spielplans die Vliesofix-Schutzfolie abziehen. Die Motive mit dichtem Zickzackstich aufnähen, für zusammengehörende Ausgangs-, Start- und Zielfelder jeweils die gleiche Garnfarbe verwenden. Nun den Spielplan mittig auf Oberteil A bügeln und ebenso mit Zickzackstich aufnähen.

2 Ober- und Unterteil l-a-l legen, sorgfältig von innen nach außen glatt streichen, zusammenstecken und, falls nötig, die Kanten bündig schneiden. Dann die Kanten ca. 4 mm breit zusammennähen. Damit sich die Stoffflächen nicht mehr verschieben können, empfiehlt es sich, durch beide Lagen zu steppen. Dafür z.B. den Plan entlang der Außenkontur nachnähen und/oder die Außenkante der Decke in breitem Abstand absteppen.

3 Die Kanten rundum mit Schrägband einfassen, dabei auf dem Unterteil mit dem Feststecken des Bandes beginnen (siehe Gerade Kante einfassen, Seite 122). Nach dem Umlegen des Schrägbands zum Oberteil die Zackenlitze so einschieben, dass eine Bogenkante sichtbar ist. Band und Litze über der Ansatznaht feststecken, sodass diese nicht mehr sichtbar ist. Dann das Band schmalkantig feststeppen.

So wird gespielt ...

Für das Spiel werden je 3 Spielfiguren in 4 Farben benötigt sowie 1 Würfel mit Augen von „1" bis „6". Ziel ist, mit allen 3 Figuren zuerst auf die Zielfelder der eigenen Farbe zu gelangen.

GRÖSSE
ø 110 cm

MATERIAL

* **Stoff 1: Baumwollstoff in Grün-Weiß kariert, 115 cm x 115 cm**
* **Stoff 2: Baumwollstoff in Blau mit Blümchen, 115 cm x 115 cm**
* **Stoff 3: Baumwollstoff in Flieder mit weißen Punkten, 40 cm x 20 cm**
* **Stoff 4: Baumwollstoff in Blau, 50 cm x 50 cm**
* **Stoff 5: Baumwollstoff mit Blumenmotiv, ø 5 cm, Rest**
* **Stoff 6: Baumwollstoff in Weiß mit rosa Pünktchen, Rest**
* **Stoff 7: Baumwollstoff in Gelb, Rest**
* **Stoff 8: Baumwollstoff in Rot, Rest**
* **Stoff 9: Baumwollstoff in Grün, Rest**
* **Vliesofix, ca. 60 cm x 45 cm**
* **Vorgefalztes Schrägband in Grün, 2 cm breit (fertige Breite 1 cm), ca. 3,50 m lang**
* **Zackenlitze in Weiß, 10 cm breit, ca. 3,50 m lang**
* **Bügelmusterstift, auswaschbar**
* **Transparentpapier**

SCHNITTMUSTERBOGEN A

ZUSCHNITT

Schnittteil A enthält 1 cm Nahtzugabe. Um den halben Papierschnitt zu erhalten, muss es an der Strich-Punkt-Linie gegengleich ergänzt werden. Die Stoffe jeweils doppelt legen, um den Schnitt ab Stoffbruch (= gestrichelte Linie) spiegelgleich ergänzen zu können. Die inneren Konturlinien von Spielplan B mit dem Bügelmusterstift auf Transparentpapier zeichnen und gemäß Herstellerangaben auf die rechte Stoffseite übertragen.
Applikation: Vorlagen B–G zunächst auf die Vliesofix-Papierseite aufzeichnen, großzügig ausschneiden, auf die linke Stoffseite aufbügeln und erst dann exakt ausschneiden.

Stoff 1
> **Je 1x Oberteil A**

Stoff 2
> **Je 1x Unterteil A**

Stoff 3
> **4x Feld C**

Stoff 4
> **1x Spielplan „Blume" B**
> **3x Zielfeld E**
> **1x Ausgangsfeld „Herz" F**

Stoff 5
> **1x Spielmitte D**

Stoff 6
> **28x Feld G**

Stoffe 7–9
> **Je 3x Zielfeld E**
> **Je 1x Ausgangsfeld „Herz" F**

STIFTE-MÄPPCHEN

Alles sofort griffbereit

1 Jeweils die Blenden und die Mäppchenteile von Stoff 1 r-a-r aufeinanderlegen und nahtbreit zusammennähen. Aufklappen und bügeln. Dann die Vlieseline nach Herstellerangaben zum Verstärken je auf die linke Stoffseite bügeln.

2 Das Samtband auf die Naht legen und von rechts knappkantig aufsteppen. Eine kleine Schleife aus dem restlichen Samtband legen und von Hand auf die Vorderseite aufnähen.

3 Den Reißverschluss mit den Zähnchen nach unten auf die obere Kante einer Mäppchenseite legen. Darüber r-a-r ein Futterteil auflegen. Die obere Kante entlang der Reißverschlussraupe mit einem Reißverschlussfüßchen zusammennähen.

4 Die Teile auseinanderklappen und die Gegenseite genauso annähen. Die Seiten aufklappen und entlang des Reißverschlusses bügeln. Den Reißverschluss bis zur Hälfte öffnen.

5 Jeweils die Außen- und die Futterseiten r-a-r aufeinanderlegen. Die Stoffkanten des Reißverschlusses zeigen dabei zur Futterseite. Alle vier Seiten rundum nahtbreit zusammennähen, dabei an der Futterseite unten eine Wendeöffnung von ca. 7 cm lassen. Das Täschchen wenden, die Ecken ausformen und die Wendeöffnung unsichtbar von Hand schließen.

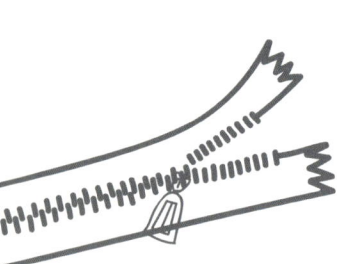

GRÖSSE
20 cm x 10 cm

MATERIAL
* **Stoff 1 (Außenstoff): Baumwollstoff in Bunt mit Wellen, 20 cm x 23 cm**
* **Stoff 2 und Futter: Baumwollstoff in Türkis, 28 cm x 24 cm**
* **Vlieseline H 250, 20 cm x 23 cm**
* **Samtband in Altrosa, 60 cm lang**
* **Reißverschluss in Türkis, 20 cm lang**

SCHNITTMUSTERBOGEN B

ZUSCHNITT
Stoff 1
> **2x Schnittteil „Mäppchen" (bis zur Anstoßlinie)**

Stoff 2 und Futter
> **2x Schnittteil „Mäppchen"**
> **2x Schnittteil „Blende"**

Geschenke

HANDYHÜLLE

Einfach, aber praktisch – mit Lifter!

1 Vor dem Verarbeiten das Webband auf Stufe 2 bügeln – es kann dabei etwas eingehen. Die Enden des Webbandes mit einem Feuerzeug verschmelzen. So können sich die Enden nicht auftrennen. Ein Ende des Gummibandes ca. 3 mm umschlagen und auf die linke Seite des Vorderteils aus Filz legen, das lange Ende des Gummibandes zeigt zum kürzeren Ende des Filzstücks. Das Gummiband mit einigen Nähten fixieren.

2 Die außen sichtbare Naht des Gummibandes unter dem Webband verstecken. Dafür ein Stück Klebeband auf die Rückseite des Webbandes kleben, das Webband auf die rechte Stoffseite des Filzes kleben und die Enden nach hinten umknicken. Die Nähte des Gummibandes müssen dabei komplett unter dem Webband verschwinden. Das Webband an den Rändern festnähen, dabei darauf achten, dass auch auf der Rückseite die Webbandenden ordentlich fixiert sind. Hier wurde der Dreifach-Geradstich gewählt, er ist schön auffällig.

3 Mit einem Bleistift das Loch für das Gummiband auf das zweite Filzteil zeichnen. Alternativ mit einer Handnähnadel und einem Rest Nähgarn das Loch grob aufsticken, eine solche Naht ist besser sichtbar als ein Bleistiftstrich. Mit der Nähmaschine den Strich bzw. die Naht umsticken. Dabei darauf achten, dass die Nähte nicht zu nah an den Strich herankommen, die spätere Öffnung sollte 2 mm breit werden. Auch hier wurde aus Dekogründen wieder der Dreifach-Geradstich gewählt.

GRÖSSE

Je nach Smartphone bis zu 9,5 cm x 15 cm

MATERIAL

✻ **Stoff 1: Filz in Grau, 3 mm stark, 25 cm x 20 cm**
✻ **Stoff 2: Baumwollstoff farblich passend zur Farbe des Webbandes, Rest**
✻ **Webband, ca. 1,5 cm breit, 15 cm lang**
✻ **Festes Gummiband, 18 mm breit, 20 cm lang**
✻ **Stylefix Klebeband, ca. 12 cm lang**
✻ **Wonderclips**
✻ **Bleistift**

SCHNITTMUSTERBOGEN A

ZUSCHNITT

Eine schmale NZG ist im Schnittmuster bereits eingezeichnet.

Es gibt eine Vielzahl von Smartphones mit unterschiedlichen Maßen. Das Buch enthält drei verschiedene Maße für die gängigsten Smartphone-Größen. Im Schnittmuster sind die Handys als graue Fläche eingezeichnet. Sollte Ihr Handy stark davon abweichen, müssten Sie das Schnittmuster anpassen. Ist Ihr Handy z.B. 1 cm breiter als im Schnittmuster eingezeichnet, müssen Sie rechts und links je 5 mm addieren, dann sind die anderen Angaben weiterhin in der Mitte des Schnittmusters.

Maße Handy	Zu verwendende Schnittteile
5,8 cm x 12,0 cm	**Schnittteile „Handyhülle I"**
7,1 cm x 13,2 cm	**Schnittteile „Handhülle II"**
6,7 cm x 13,4 cm	**Schnittteile „Handyhülle III"**

Stoff 1

> **1x Schnittteil „Vorderseite Handytasche I, II oder III"**
> **1x Schnittteil „Rückseite Handytasche I, II oder III"**

Stoff 2

> **1x Schnittteil „Lasche"**

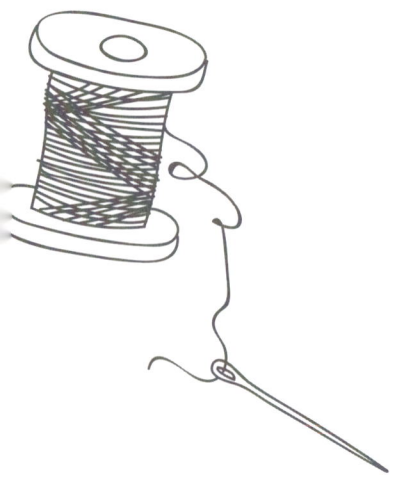

DER HANDEL bietet verschiedene Arten, Stärken und Qualitäten an Filz an, zum Beispiel Bastelfilz in verschiedenen Stärken. Für diese Handyhülle benötigen Sie 3 mm starken Filz. Allerdings fühlt er sich etwas rau an. Am angenehmsten ist echter Wollfilz. Auch hier ist der 3 mm starke Filz am besten für diese Handytasche geeignet, der dünnere Filz hat nicht ausreichend Stand.

DIE HANDYHÜLLE lässt sich auch gut aus Leder nähen. Wie beim Filz sollte auch das Leder eine ausreichende Stärke haben, sonst hat die Tasche keinen Stand. Für dickeres Leder benötigen Sie aber auch eine leistungsstarke Nähmaschine und spezielle Ledernadeln. Unter Ihr normales Füßchen können Sie beim Nähen schmale Papierstreifen legen, so gleitet der Nähmaschinenfuß besser über das Leder (normale Nähmaschinenfüße „kleben" am Leder).

4 Mit einer spitzen Schere (z.B. Nagelschere) den aufgemalten Strich bzw. die Handstichnaht ausschneiden. Der Schlitz sollte nicht schmaler als 1 mm werden, da sich sonst das Gummiband nur schwer durchziehen lässt.

5 Beide Filzteile l-a-l legen: Das Webband liegt außen, das Gummiband innen. Das Gummiband so durch das Loch fädeln, dass es gerade zwischen den Filzschichten liegt und nicht verdreht ist. Beide Filzteile mit Wonderclips fixieren. Hierfür eignen sich keine Stecknadeln. Den Rand gemäß Schnittmuster zusammennähen. (Achtung, hier beträgt die NZG nur 5 mm!) Dabei darauf achten, dass das Gummi nicht versehentlich in die Naht gerät.

6 Die Stofflasche w-förmig falzen. Die rechte Stoffseite liegt innen, die linke Seite außen. Die Seiten mit zwei Nähten schließen, das Schnittteil auf rechts wenden und bügeln. Durch das vorherige Falzen des unteren Randes muss die offene Webkante nun nicht mehr nach innen geschlagen werden.

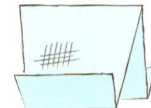 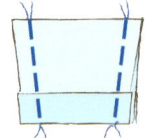

7 Das Handy in die Hülle schieben, das Gummiband wird nun ein Stück in die Hülle gezogen. Die Stelle, an der das Gummiband aus dem Schlitz kommt, mit einem Bleistift markieren. Das Handy wieder entfernen und das Gummiband einige Millimeter oberhalb des Striches abschneiden. Dann die kleine Lasche so über das Gummiband ziehen, dass der Bleistiftstrich im Inneren der Lasche verschwindet. Mit einer Stecknadel fixieren. Das Gummiband soll – wenn das Handy in der Hülle ist – ganz leicht unter Spannung stehen. Sofern dies der Fall ist, die Lasche an das Gummiband nähen. Ist das Gummiband noch zu lang, ein kleines Stück kürzen und nochmals testen, ob es passt.

TASCHEN-BAUMLER

Frech und verspielt

1 Für die Applikation Vogel bzw. Fisch mit Vliesofix mittig auf ein Filzteil bügeln. Mit der Nähmaschine den Körper, für den Vogel auch die Beine, die Flügel und den Schnabel, aufnähen. Dabei für einen Shabby-Look jeweils ca. 3 Nähte ungleichmäßig nebeneinandersetzen.

2 Beide Filzteile I-a-I aufeinanderlegen. Das Webband zur Schlaufe falten und oben 1 cm weit zwischen die Filzteile schieben. Im Kreis dreimal rundum nähen, dabei das Webband mitfassen.

3 Den Schlüsselring aufziehen und den Taschenbaumler an Tasche oder Rucksack befestigen.

GRÖSSE
ø 7 cm

MATERIAL
* **Stoff 1:** Wollfilz in Türkis oder Olivgrün, 1–1,5 mm dick, 7 cm x 14 cm
* **Stoff 2:** Vichykarostoff in Rot oder Baumwollstoff in Blau gemustert, 6 cm x 6 cm
* Vliesofix, Rest
* **Webband in Türkis-pink mit Blüten, 6 cm lang**
* Schlüsselring in beliebiger Größe
* Zackenschere

SCHNITTMUSTERBOGEN A

ZUSCHNITT
Alle Filzteile ohne NZG mit der Zackenschere zuschneiden.

Stoff 1
> **2x Schnittteil „Kreis"**

Stoff 2
> **Je 1x Schnittteil „Fisch" oder „Vogel"**

Vliesofix
> **Je 1x Schnittteil „Fisch" oder „Vogel"**

COOKIE-TÄSCHCHEN

Hübsche Verpackungen für Naschkatzen

GRÖSSE

10,5 cm x 13 cm

MATERIAL

❀ **Stoff 1: Baumwollstoff in Grün oder Blau gemustert oder Weiß, 25 cm x 25 cm**
❀ **Stoff 2 (Futter): Baumwollstoff in Grün, Blau oder Rosa gemustert, 25 cm x 25 cm**
❀ **Vlieseinlage: Decovil Light, 12 cm x 15 cm**
❀ **Dekoband in passender Farbe, Rest**
❀ **Metallöse, ø 8 mm (mit passendem Werkzeug)**
❀ **Knopf in Weiß oder Rosa, ø 12–15 mm**

SCHNITTMUSTERBOGEN A

Der Schnittmusterbogen enthält zwei verschiedene Größen. Hier abgebildet sind die kleinen Taschen.

ZUSCHNITT

Den Schnittteilen aus Stoff 1 cm NZG hinzufügen. Die Vlieseinlage ohne NZG zuschneiden.

Stoff 1
➤ **1x Schnittteil „Tasche"**

Stoff 2
➤ **1x Schnittteil „Tasche"**

Vlieseinlage
➤ **1x Schnittteil „Vlieseinlage"**

1 Die Taschenteile aus Stoff 1 und 2 r-a-r legen und am Rand zusammennähen, dabei eine Wendöffnung lassen. Die Vlieseinlage ca. 2 mm von der Naht entfernt in eine der Ecken auf Futter- oder Oberstoff bügeln.

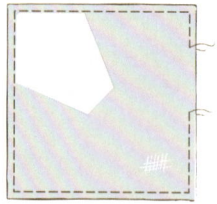

2 Die Tasche auf rechts wenden, flach bügeln und am Rand knappkantig absteppen.

3 Die Futterstoffseite nach oben legen, die Vlieseinlage liegt in der oberen Ecke. Zwei gegenüberliegende Ecken gemäß Abbildung zu einem Dreieck aufeinanderlegen, die Falte flach bügeln. Dann die rechte spitze Ecke diagonal gemäß Linie im Schnittmuster zur linken Seite legen und bügeln. Mit der linken Ecke spiegelbildlich genauso verfahren. Die Einlage liegt dabei im hinteren Zipfel und sorgt für Stand.

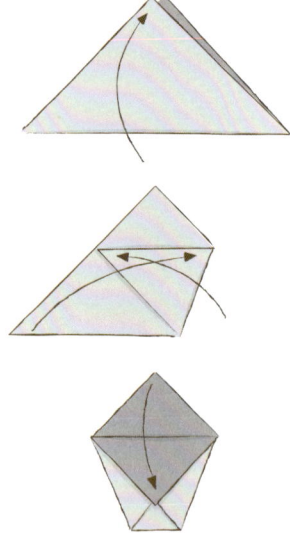

4 Den vorderen der beiden oberen Zipfel nach unten falten und flach bügeln. Eine Öse in den hinteren oberen Zipfel einschlagen und ein Dekoband einziehen. Die vorderen Stofflagen von Hand zusammennähen und die Naht mit einem Knopf verdecken.

KLASSISCH ELEGANT

Edler Dahlien-Ring mit Ohringen

GRÖSSE

Ring ca. ø 3,5 cm
Ohrringe ca. ø 3 cm

MATERIAL

* Stoff 1: Baumwollstoff in Pink-Rosa-Beige gemustert, Rest
* Stoff 2: Baumwollstoff in Pink, Rest
* Stoff 3: Bastelfilz in Pink, Rest
* Zwirn
* Knopf, ø 0,8 cm
* 2 Knöpfe, ø 0,3 cm
* Fingerring-Rohling, ø 1,6 cm
* 2 Ohrstecker-Rohlinge, ø 0,8 cm
* Heißkleber
* Zackenschere

ZUSCHNITT

Stoff 1

> 5x Kreis, ø 3,5 cm
> 2x 5 Kreise, ø 3,0 cm

Stoff 3

> 3x Kreis, ø 1,5 cm
>   (mit der Zackenschere)

SKIZZE SEITE 124

RING

1 Zunächst die größeren Stoffkreise (ø 3,5 cm) jeweils zu einem Halbkreis falten und nacheinander mit großzügigen Heftstichen durch den runden Rand nähen.

2 Die Blütenblätter auffädeln und zu einem Kreis verknoten.

3 1 Knopf (ø 0,8 cm) mit pinkfarbenem Stoff beziehen und als Blütenmittelpunkt einkleben.

4 Die Blüte mit Heißkleber auf die Vorderseite 1 Filzkreises aufkleben und den Filzkreis auf den Fingerring-Rohling aufkleben.

OHRRINGE

1 Zunächst die kleineren Stoffkreise (ø 3,0 cm) jeweils zu einem Halbkreis falten und nacheinander mit großzügigen Heftstichen durch den runden Rand nähen.

2 Jeweils 5 Blütenblätter auffädeln und zu einem Kreis verknoten.

3 2 Knöpfe (ø 0,6 cm) mit pinkfarbenem Stoff beziehen und jeweils 1 als Blütenmittelpunkt einkleben.

4 Die Blüten jeweils mit Heißkleber auf die Vorderseite 1 Filzkreises aufkleben und jeden Filzkreis auf 1 Ohrring-Rohling aufkleben.

KLEBEN SIE DIE OHRSTECKER

außermittig nach oben versetzt auf. Dann sitzen die Blüten schön am Ohr und können nicht überkippen.

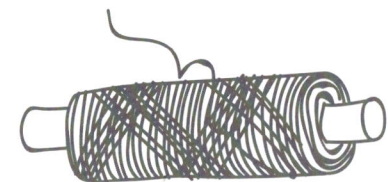

TISCHTUCH-BESCHWERER

Im witzigen Kakteen-Design

GRÖSSE

ca. 8 cm hoch (ohne Aufhängung)

MATERIAL

Pro Anhänger

* **Stoff 1: Baumwollstoff in Grün gemustert, Rest**
* **Schmales Band in Grün, ca. 15 cm lang**
* **Füllwatte**
* **Mini-Topf oder Eimerchen aus Kunststoff, Metall oder Holz, oben ø ca. 3,5 cm, 3,5 cm hoch**
* **Kieselsteinchen zum Befüllen**
* **Ringel, ø 7 mm**
* **Vorhang-Clip**
* **Evtl. Häkel- oder Stoffblüte, ø 2,5 cm**
* **Alleskleber**

SCHNITTMUSTERBOGEN A

ZUSCHNITT

Das Schnittteil enthält 0,75 cm NZG.

Stoff 1

> 6x Seitenteil

1 Vom Band 2,5 cm abschneiden und doppelt legen (= Schlinge). Die Enden an der mit X markierten Stelle auf die rechte Seite eines Seitenteils legen und innerhalb der NZG festnähen.

2 Jeweils 2 Seitenteile r-a-r aufeinanderlegen, feststecken und bis auf die gerade Unterkante (= Wendeöffnung) zusammennähen. Die NZG zurückschneiden und die Teile wenden.

3 Die so entstandenen 3 Teile bündig aufeinanderlegen, dabei liegt das Teil mit Schlinge in der Mitte. Nun in Längsmitte durch alle Stofflagen steppen.

4 Den Kaktus gleichmäßig mit Füllwatte ausstopfen, evtl. zum Einschieben der Watte ein Stäbchen zu Hilfe nehmen. Den Topf bis ungefähr 1,5 cm unterhalb vom oberen Rand mit Steinchen befüllen. Den Innenrand mit Kleber bestreichen, den Kaktus hineinschieben und festkleben.

5 Den Ringel an der Schlinge befestigen. Das restliche Band durch den Ringel fädeln, die Enden verknoten und am Vorhang-Clip einhängen. Nach Wunsch eine Blüte auf den Kaktus kleben.

DIE MINI-TÖPFE können Sie nach Belieben in einer zur Tischdecke passenden Farbe streichen. Die dekorativen Topfkakteen sind vielseitig verwendbar, z. B. als Anhänger an Girlanden, für Schrankschlüssel oder -griffe. Werden sie ohne Aufhänger gearbeitet, können Sie sie als hübsche Zierde auf der Fensterbank platzieren. Möchten Sie größere Töpfe verwenden, einfach den Schnitt mit dem Fotokopierer entsprechend vergrößern.

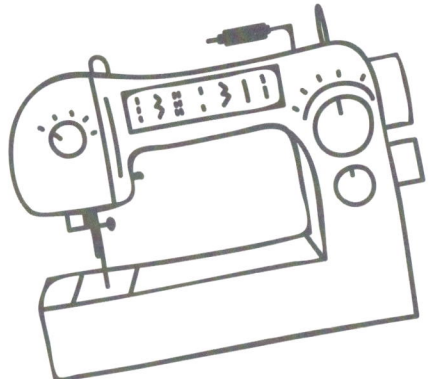

ZUCKERSÜSSER HINGUCKER

Blumentörtchen mit Perlenrand

MACARON

1 Das Rechteck an den langen und kurzen Kanten je 0,75 cm nach links einbügeln. Die beiden Stoffkreise außen jeweils straff über eine Metallkappe ziehen. Die beiden Volumenvlies-Kreise jeweils mittig von links auf einen Stoffkreis innen bügeln.

2 Für die Aufhängerschlaufe das Ripsband l-a-l auf die Hälfte legen, von rechts am Reißverschlussende festnähen.

3 Den Reißverschluss r-a-r bündig aufeinanderlegen und zusammennähen. NZG zurückschneiden, auseinanderlegen und mit Textilkleber fixieren. Das vorgebügelte Rechteck über die NZG legen und von Hand rundum annähen. Reißverschluss wenden, mit Vorstich an der oberen bzw. unteren Kante entlangnähen und einkräuseln.

4 Die bezogenen Metallkappen (Ober- bzw. Unterteil) jeweils von rechts auf den Reißverschluss legen und rundum von Hand mit kleinen Stichen festnähen.

5 Die Innenteile mit Volumenvlies jeweils entlang der Außenkante rundum mit Vorstich nähen und einkräuseln, dabei die NZG zusammenziehen. Jeweils von links auf den Reißverschluss legen und rundum mit kleinen Stichen festnähen. Den Reißverschluss schließen.

6 Den Blütenknopf mit großer Perle (ø 6 mm) mittig auf das Oberteil nähen. Die Glasperlen (ø 4 mm) entlang der oberen Außenkante dicht aneinandernähen und am Ende noch einmal durch alle Perlen hindurchfädeln. Den Faden vernähen.

VERWENDEN SIE für die Perlen eine Nähnadel mit kleinem Nadelöhr.

GRÖSSE
ca. 3,8 cm

MATERIAL
Macaron
* **Stoff 1 (außen): Baumwollstoff gemustert in Ecru-Blau, Rest**
* **Stoff 2 (innen): Baumwollstoff mit Tupfen in Ecru-Blau, Rest**
* **Volumenvlies H 640, Rest**
* **Ripsband in Ocker, 7 mm breit, Rest**
* **Metallreißverschluss in Hellblau, 12 cm**
* **Blütenknopf in Pink, ø 30 mm**
* **Glasperle in Blau, ø 6 mm**
* **32 Glasperlen in Blau, ø 4 mm**
* **Füllwatte, Rest**
* **2 Metallkappen, ø 38 mm**
* **Textilkleber**

Aufhänger und Reißverschlusszipper
* **Dekoband mit Streifen in Blau-Weiß, 15 mm breit, 30 cm**
* **Ripsband in Ocker, 7 mm breit, Rest**
* **Seitenschneider**

ZUSCHNITT
Stoff 1
> **1x Rechteck, 3,5 cm x 4,5 cm**
> **2x Kreis, ø 7 cm**

Stoff 2
> **2x Kreis, ø 7 cm**

Volumenvlies
> **2x Kreis, ø 38 mm**

AUFHÄNGER UND REISSVERSCHLUSS-ZIPPER

1 Für den Aufhänger das Dekoband durch die Aufhängerschlaufe fädeln.

2 Den Original-Reißverschlusszipper mit dem Seitenschneider abzwicken, dafür das Ripsband durchfädeln und verknoten.

TABLET-HÜLLE

Schön verstaut

GRÖSSE
25 cm x 18 cm

MATERIAL
* Stoff 1: Baumwollstoff in Grün gestreift mit Blüten, 21 cm x 54 cm
* Stoff 2 und Futter: Baumwollstoff in Aqua, 21 cm x 72 cm
* Vlieseinlage: Volumenvlies H 630, 21 cm x 72 cm
* Filz, Rest
* Steckschloss in Silber, 2,6 cm groß
* Textilkleber

SCHNITTMUSTERBOGEN B

ZUSCHNITT
Stoff 1
> 2x Schnittteil „Tablet-Hülle"

Stoff 2 und Futter
> 2x Schnittteil „Tablet-Hülle"
> 2x Schnittteil „Klappe"

Vlieseinlage
> 2x Schnittteil „Tablet-Hülle"
> 2x Schnittteil „Klappe"

1 Das Volumenvlies zum Verstärken nach Herstellerangaben je auf die linke Stoffseite des grün gestreiften Vorder- und Rückteils sowie der Klappe bügeln.

2 Beide Klappenteile r-a-r legen und an drei Seiten nahtbreit zusammennähen, dabei die obere Seite offen lassen. Die Klappe wenden, bügeln und im Abstand von ca. 5 mm zweimal absteppen.

3 Die grün gestreiften Taschenteile r-a-r legen und an drei Seiten nahtbreit zusammennähen. Die obere Kante bleibt offen. Die Hülle wenden. Die Klappe mittig mit der offenen Kante an die obere Kante des Rückteils legen und mit großen Stichen annähen.

4 Die Futterteile r-a-r legen und ebenfalls an drei Seiten nahtbreit zusammennähen. Dabei an der unteren Seite eine Wendeöffnung von ca. 6 cm lassen.

5 Die Futterhülle über die Außenhülle ziehen, sodass die rechten Seiten innen aufeinanderliegen und die oberen Kanten aufeinandertreffen. Entlang der oberen Kanten rundum nahtbreit zusammennähen.

6 Nun die Hülle durch die Öffnung wenden und die Wendeöffnung unsichtbar von Hand schließen. Die Hülle bügeln und das Steckschloss befestigen. Auf die Rückseite des Steckschlosses ein Stück Filz aufkleben, damit es das Tablet nicht zerkratzt.

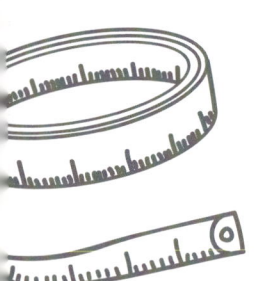

14 Montag
Lundi Lunedì Monday

15 Dienstag
Mardi Martedì Tuesday

16 Mittwoch
Mercredi Mercoledì Wednesday

17 Donnerstag
Jeudi Giovedì Thursday

18 Freitag
Vendredi Venerdì Friday

19 Samstag
Samedi Sabato Saturday

20 Sonntag
Dimanche Domenica Sunday

VERSPIELT

Sudoku für
zwischendurch

1 Die Vorlage „Spielfeld B" viermal auf die Vliesofix-Papierseite aufzeichnen, großzügig ausschneiden, auf die linke Stoffseite des grauen Stoffs bügeln und dann exakt ausschneiden.

2 Die Felder auf die rechte Stoffseite der Spielflächenoberseite aufbügeln, zuerst 2 gegenüberliegende, dann die übrigen 2 Felder. Dabei darauf achten, dass die Markierungen für die Mitten am äußeren Rand übereinanderliegen und sich die Ecken in der Spielfeldmitte 3 mm breit überlappen. Anschließend das Volumenvliesquadrat auf die linke Stoffseite bügeln.

3 Ober- und Unterseite l-a-l aufeinanderstecken. Auch die Flächen an einigen Stellen aufeinanderstecken, die markierten Linien jedoch freilassen. Ein Gittermuster im Geradstich absteppen (gestrichelte Linie, siehe Schnittmuster). Nun einen dichten Zickzackstich einstellen und die Spielfelder applizieren (durchgezogene Linie, siehe Schnittmuster), dabei jeweils ohne Unterbrechung von Kante zu Kante der Spielfläche nähen.

4 Für die Schlinge die Gummikordel auf der rechten Stoffseite an der markierten Stelle festnähen, dazu innerhalb der NZG über die Kordelenden nähen. Die Spielfläche mit Schrägband einfassen, dabei an einer Seitenmitte beginnen. Zuletzt den rot-weißen Knopf annähen.

5 Zum Aufbewahren des Spiels die Oberseite so hinlegen, dass die Schlinge der Unterseite nach oben zeigt. Alle Knöpfe in die Mitte legen, rechte und linke Kante so nach innen einschlagen, dass sie aneinanderstoßen. Die untere Kante zum Drittel umlegen, noch einmal umklappen, dann die obere Kante umklappen und die Schlinge am Knopf einhängen.

GRÖSSE
ca. 35 cm x 35 cm

MATERIAL

* Stoff 1: Baumwollstoff in Weiß-Blau kariert, 40 cm x 40 cm
* Stoff 2: Baumwollstoff in Grau mit weißen Punkten, 60 cm x 40 cm
* Vlieseinlage: Volumenvlies H630, 40 cm x 40 cm
* Vliesofix, 60 cm x 15 cm
* Vorgefalztes Schrägband in Rot-Weiß gemustert, 2 cm breit, 1,60 m lang
* Gummikordel in Rot, ø 2,5 mm, 10 cm lang
* Knopf in Rot-Weiß für den Verschluss, ø 22 mm
* Je 9 Knöpfe in Rot, Blau, Hellgrün, Grün, Grau, Gelb, Orange, Pink und Violett, ø 3 cm

SCHNITTMUSTERBOGEN A

ZUSCHNITT

Stoff 1

> 1x Schnittteil „Spielfläche A" (= Oberseite), die Markierungen für die Mitten, Stepp- und Applizierlinien auf die rechte Stoffseite übertragen

Stoff 2

> 1x Schnittteil „Spielfläche A" (= Unterseite), die Markierungen für Knopf und Schlinge auf die rechte Stoffseite übertragen

Vlieseinlage

> 1x Quadrat, 35 cm x 35 cm

So wird gespielt ...

Zwei Spieler versuchen, auf den freien Feldern die Knöpfe der richtigen Farbe zu platzieren. Dabei darf in jeder waagerechten Zeile und senkrechten Spalte jede Farbe nur einmal vorkommen, genau wie in den neun 3x3 Rasterfeldern. Wem dies zuerst gelingt, hat gewonnen. – Spielt sich auch solo prima!

HÜLLE FÜR E-BOOK-READER

Gut geschützt und hübsch verpackt

GRÖSSE
19,5 cm x 14 cm

MATERIAL
* **Stoff 1: Baumwollstoff in Grün-Türkis mit Punkten, 22 cm x 32 cm**
* **Stoff 2 und Futter: Baumwollstoff in Blaugrün, 28 cm x 32 cm**
* **Vlieseinlage: Volumenvlies H 630, 20 cm x 30 cm**
* **Gummikordel in Grau, 15 cm lang**
* **Knopf in Türkis, ø 2,8 cm**

SCHNITTMUSTERBOGEN B

ZUSCHNITT
Stoff 1
> **1x Schnittteil „Hülle Vorderseite"**
> **1x Schnittteil „Hülle Rückseite"**

Stoff 2
> **2x Schnittteil „Hülle Rückseite"**
> **1x Schnittteil „Blende"**

Vlieseinlage
> **1x Schnittteil „Hülle Vorderseite"**
> **1x Schnittteil „Hülle Rückseite"**

1 Die Spitze der Blende nahtbreit umbügeln. Die Blende auf das Vorderteil legen und schmalkantig aufsteppen.

2 Zum Verstärken das Volumenvlies nach Herstellerangaben jeweils auf die linke Stoffseite der Außenteile aufbügeln.

3 Die Gummikordel mittig falten und so auf die Rückseite des Außenteils legen, dass die Schlaufe nach innen zeigt. Mit ein paar großen Stichen sichern.

4 Die Futterteile r-a-r auf die Außenteile legen und dann an der oberen schmalen Kante nahtbreit zusammennähen.

5 Die Teile aufklappen, sodass die rechten Seiten der Außenteile und der Futterseiten aufeinanderliegen. Rundum nahtbreit zusammennähen, dabei an der Futterseite eine ca. 8 cm große Wendeöffnung lassen.

6 Die Hülle wenden und die Wendeöffnung unsichtbar von Hand schließen. Den Knopf gemäß Schnittmuster aufnähen.

Grundanleitung

STOFFZUSCHNITT

Bevor mit dem Nähen begonnen werden kann, müssen die einzelnen Schnittteile vom Papierschnitt abgepaust, auf den Stoff aufgelegt und zugeschnitten werden. Eventuell ist es dabei notwendig, Nahtzugaben hinzuzufügen und Markierungen auf die Stoffteile zu übertragen.

DIE WICHTIGSTEN FACHBEGRIFFE

FADENLAUF Bei gewebten Stoffen werden längs laufende Fäden Kettfäden, quer laufende Fäden Schussfäden genannt. Der Fadenlauf bezeichnet die Richtung des Kettfadens und verläuft normalerweise parallel zu den Webkanten. Sind an einem Stoffrest keine Webkanten mehr zu sehen und ist der Fadenlauf schwer erkennbar, wenn möglich am Rand einen Gewebefaden anziehen, der dann die Richtung weist. In Schnitten ist der Fadenlauf mit Pfeilen gekennzeichnet. Beim Auflegen der Schnittteile müssen diese Pfeile, wenn nicht anders angegeben, parallel zum Fadenlauf liegen.

FADENGERADE ZUSCHNEIDEN Um exakte und gerade Kanten zu schneiden, die Schere an einem Faden entlang bzw. zwischen zwei Fäden führen.

STOFFBRUCH Für symmetrische Schnittteile ist oft nur der halbe Schnitt abgebildet. Eine gerade Kante markiert die Achse, an der das Schnittteil zur Vervollständigung gespiegelt werden muss. Diese Kante ist meist mit „Stoffbruch" beschriftet und/oder durch eine gestrichelte Linie markiert. Um die fehlende Hälfte gegengleich und ohne Naht zu ergänzen, wird der Stoff vor dem Zuschnitt gefaltet. Die gerade Kante des Schnittteils wird nun genau an diesem Knick, dem sogenannten Stoffbruch, angelegt und das Schnittteil aus dem doppelt gelegten Stoff ausgeschnitten. Bei Webstoff entspricht der Stoffbruch dem Fadenlauf.

NAHT- UND SAUMZUGABE Zugaben sind die Stoffränder zwischen Nahtlinie (= Linie, auf der genäht wird) und Schnittkante. Sind die Zugaben in einem Schnitt noch nicht eingerechnet, müssen zuerst ringsum Naht- und Saumzugaben aufgezeichnet werden: Je nach Zweck und Material rechnet man für normale Nähte meist 1–2 cm, für gerade Säume 2–4 cm und für runde Säume 2 cm ab der Papierkante. Der Stoff wird anschließend an den eingezeichneten Linien zugeschnitten.

RECHTE/LINKE STOFFSEITE Die schöne Oberseite, die beim fertigen Modell außen zu sehen ist, wird als rechte, die Rückseite als linke Stoffseite bezeichnet.

RECHTS AUF RECHTS (r-a-r) Ein Stoffteil wird mit der rechten Seite auf die rechte Seite eines anderen Stoffteils gelegt. Die linken (oft blasseren) Stoffseiten zeigen also jeweils nach außen.

WEBKANTE Beim Weben eines Stoffes entstehen seitlich in Längsrichtung die Webkanten, die parallel zum Fadenlauf liegen. Die Webkanten sind sauber abgeschlossen und fransen im Gegensatz zu Schnittkanten nicht aus. Da sie etwas fester sind als der restliche Stoff, sollten sie, außer als Nahtzugaben, beim Zuschneiden nicht einbezogen werden.

SCHNITTMUSTER ABPAUSEN

Um Platz zu sparen werden Schnittmuster häufig auf Bögen überlappend mit Schnittmustern anderer Modelle aufgezeichnet. Aus diesem oder anderen Gründen kann es sinnvoll sein, einen Papierschnitt nicht direkt auszuschneiden, sondern ihn abzupausen. Für diesen Zweck gibt es im Fachhandel spezielles Schnittmusterpapier, verwendet werden können aber auch Seiden- oder Transparentpapier. Das Papier auf die Vorlage bzw. das Muster legen. Ist ein großer Schnittmusterbogen vom Falten sehr uneben, das Papier einfach mit einem Bügeleisen ohne Dampffunktion glätten. Mit Filz- oder Bleistift alle Linien, Markierungen und Beschriftungen der einzelnen Teile nachzeichnen und anschließend die Schnittteile ausschneiden. Werden Vorlagen mehrmals verwendet, kann man zur Verstärkung die Rückseite mit dickerem Papier, z.B. Packpapier, bekleben. Für kleinere Motive kann eine Schablone aus Pappe sehr praktisch sein. Die Konturen einfach mithilfe von Pauspapier auf die Pappe übertragen, dann die Schablone sorgfältig ausschneiden.

SCHNITTTEILE AUFLEGEN

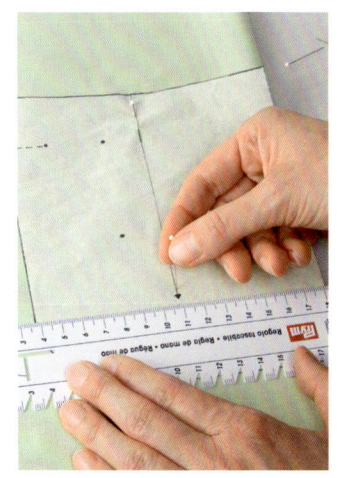

Den Stoff zuerst bügeln, dann schön glatt und faltenfrei zurechtlegen. Darauf achten, dass alle Schnittteile im richtigen Fadenlauf darauf Platz haben. Die Schnittteile werden immer auf der linken Stoffseite aufgelegt, sodass dort auch Zugaben und Markierungen angezeichnet werden können. Große Teile zuerst, kleinere danach auflegen. Falls Naht- und Saumzugaben noch nicht im Schnitt enthalten sind, zwischen den einzelnen Schnittteilen Abstand dafür lassen. Um die Stofffläche optimal auszunutzen, kann es sinnvoll sein, die Schnittteile nach und nach auszuschneiden und sich dafür immer wieder einen neuen Stoffbruch zu falten. Für einmal benötigte, asymmetrische Schnittteile den Stoff einfach legen, für zweimal benötigte Teile doppelt legen und beide Teile zusammen ausschneiden. Um zu überprüfen, ob die Teile auch richtig im Fadenlauf liegen, an beiden Enden des auf dem Schnittteil aufgezeichneten Fadenlaufs zu Bruch- oder Webkante messen und die Stelle mit je einer Stecknadel markieren (siehe Foto). Der Abstand sollte an beiden Pfeilenden gleich sein.

Die Schnittteile nun ringsum mit Stecknadeln so feststecken, dass die Schnittlinie zum Schneiden frei bleibt. Bei doppelt gelegtem Stoff darauf achten, dass die Nadeln beide Lagen erfassen. Bei Lackstoffen, Leder oder Wachstuch bleiben Nadeleinstiche sichtbar, deshalb Schnittteile mit Klebeband oder Büroklammern befestigen.

NAHT- UND SAUMZUGABEN AUFZEICHNEN

Bei Schnittteilen, die keine Zugaben enthalten, müssen Naht- und Saumzugaben ringsum mit Handmaß und Trickmarker oder Schneiderkreide auf den Stoff gezeichnet werden. Oft sind die Maße der benötigten Zugaben in der Anleitung angegeben. Ist dies nicht der Fall, können sie je nach Zweck und Material selbst gewählt werden. Entlang der eingezeichneten Markierung wird dann zugeschnitten. Sind die Nahtzugaben gleichmäßig aufgezeichnet, liegen die Schnittkanten später beim Nähen exakt aufeinander. Für das Gelingen einer geraden Naht kann man sich dann an den Schnittkanten orientieren und so einen Arbeitsschritt, das Übertragen der Nahtlinien, sparen.

STOFFTEILE ZUSCHNEIDEN

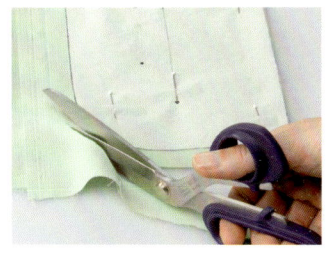

Den Stoff entlang der Papierkante oder der eingezeichneten Markierung mit einer scharfen Schneiderschere zuschneiden. Dabei so wenig wie möglich anheben, da sich sonst die Schnittkanten leicht verschieben können. Mit der freien Hand den Stoff dicht neben der Schnittlinie festhalten und mit langen Schnitten arbeiten.

SCHNITTKONTUREN UND MARKIERUNGEN ÜBERTRAGEN

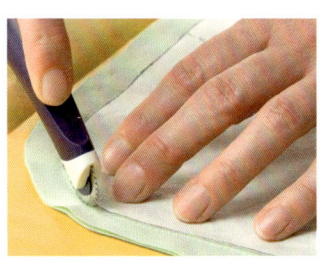

Bevor der Papierschnitt nach dem Zuschneiden der Stoffteile wieder abgenommen wird, müssen Naht- und Saumlinien (= Konturen) und alle im Schnittteil eingezeichneten Markierungen, bis auf den Fadenlauf, auf den Stoff übertragen werden. Wird später Vlieseline aufgebügelt, die am Rand des Schnittteils befindlichen Markierungen, wie Ansatzpunkte für andere Teile oder vordere und rückwärtige Mitte, bis auf die Nahtzugaben verlängern, damit sie sichtbar bleiben. Alternativ können diese Stellen auch mit kurzen Einschnitten in den Zugaben gekennzeichnet werden.

Zum Übertragen von Markierungen gibt es verschiedene Möglichkeiten:

MARKIERUNG BEI DOPPELTER STOFFLAGE

Ein Stück Schneiderkopierpapier mit der beschichteten Farbseite nach oben auf eine gerade Oberfläche legen. Das zugeschnittene Stoffteil darauflegen. Das Kopierrädchen zuerst entlang der Papierkante führen und so die Nahtlinien übertragen. Dann alle weiteren Markierungen nachrädeln. Die Linien sind nun auf der unteren Stofflage sichtbar, der Papierschnitt kann abgenommen werden.

Beide Stofflagen nun wieder bündig mit Stecknadeln aufeinanderstecken, ohne die markierten Linien zu treffen. Den Stoff umdrehen und erneut auf das Kopierpapier legen, sodass die bereits kopierten Linien oben liegen. Die Linien noch einmal nachrädeln, um sie auch auf die zweite, jetzt unten liegende Stofflage zu kopieren.

MARKIERUNG AUF DER RECHTEN STOFFSEITE

Markierungen wie Knopflöcher oder Aufsetzpunkte für Applikationen müssen auf die rechte Stoffseite übertragen werden, da sie später auch von dieser Seite gearbeitet werden. Bei doppelt gelegtem Stoff befinden sich die rechten Seiten immer innen. An den entsprechenden Stellen Stecknadeln durch den Papierschnitt und beide Stofflagen stechen. Dann die obere Stofflage zurückschlagen und jeweils beide Durchstichstellen mit Schneiderkreide oder Trickmarker anzeichnen.

MARKIERUNG BEI EINFACHER STOFFLAGE

Die Nahtlinie entlang der Papierkante mit Schneiderkreide oder Trickmarker aufzeichnen. Um die Markierungen zu übertragen, an den entsprechenden Stellen Stecknadeln durch Papier und Stoff stechen, den Papierschnitt vorsichtig bis zur Nadel anheben und die Einstichstellen auf der linken Stoffseite markieren. Müssen sie auch auf der rechten Stoffseite sichtbar sein, einfach die Ausstichstellen ebenfalls markieren (siehe Foto).

EINFACHE NAHT

NAHT SICHERN

Damit eine Naht später nicht aufgehen kann, sollten Nahtanfang und -ende mit einigen Rückstichen gesichert werden. Dies nennt man auch Verriegeln. Bei Gerad- und Zickzackstichen einige Stiche nähen, auf die Rückwärtstaste drücken, 3 bis 5 Stiche zurücknähen, dann die Taste lösen und wieder vorwärtsnähen. Am Nahtende wieder einige Stiche rückwärts und dann erneut vorwärts bis zum Ende nähen. Bei Zier- und sonstigen Stichen sollten Anfang und Ende mit Geradstichen gesichert werden, da die Naht an diesen Stellen

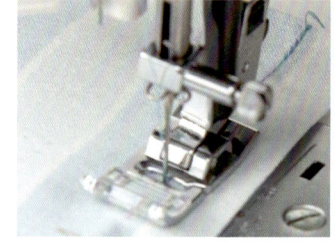

sonst zu dick wird. Vor dem Nahtende langsamer nähen, um nicht darüber hinaus zu geraten. Manche Nähmaschinen besitzen eine Riegeltaste, bei deren Betätigung die Naht automatisch mit einigen Stichen verriegelt wird.

Nähte lassen sich auch durch Verknoten von Ober- und Unterfaden sichern. Dafür den Oberfaden auf die linke Stoffseite ziehen, beide Fäden zur Schlaufe legen und die Enden hindurchführen. Den Knoten dicht am Stoff festziehen, die überstehenden Fadenenden abschneiden.

EINFACHE NAHT

Normalerweise wird durch Betätigung des Fußpedals genäht. Je mehr Druck dabei auf das Pedal ausgeübt wird, desto schneller näht die Maschine.

An Stellen, an denen sehr exakt genäht werden muss, kann die Nadel aber auch langsam durch Drehen des Handrads bewegt werden. Um Stichlänge und Fadenspannung zu überprüfen ist eine Nahtprobe auf einem doppelt gelegten Stoffrest sinnvoll. Den Stoff beim Nähen weder ziehen noch schieben, sondern nur leicht mit der Hand führen, um eine gerade Naht zu erhalten.

Je nach Breite der Nahtzugabe kann dabei die Maßeinteilung auf der Stichplatte als Orientierung dienen. Die Linien sind durch Zahlen markiert, die den Abstand zwischen der Stoffkante und der zentrierten Nadel, also der späteren Naht, angeben. Sind die Stoffteile mit Faden zusammengeheftet, nicht direkt auf der Heftlinie, sondern dicht daneben nähen. So lässt sich anschließend der Heftfaden leichter entfernen. Wurde mit der Maschine geheftet, nach dem Nähen den Unterfaden der Heftnaht herausziehen.

Mit dem Gerad- bzw. Steppstich die rechts auf rechts gelegten Stoffkanten entlang der markierten Nahtlinie zusammennähen. Wurde keine Nahtlinie angezeichnet, mit einem Abstand zum Schnittrand in Breite der Nahtzugabe nähen. Dabei die Stecknadeln kurz vor dem Nähfuß herausziehen oder langsam über die Nadeln nähen und diese erst danach entfernen.

Wenn Ecken und Kurven genäht werden, muss der Nähvorgang manchmal unterbrochen werden. Dann ist es sinnvoll, die Nadel per Handrad in den Stoff zu stechen, oder, falls vorhanden, den automatischen Nadelstopp im Stoff zu wählen. So ist garantiert, dass die Naht später ohne Verschiebung fortgesetzt werden kann. Eine einfache Naht mit Geradstich nähen bezeichnet man auch als „steppen".

ECKEN NÄHEN

Kurz vor einer Ecke langsamer nähen. Exakt in der Ecke stoppen, die Nadel bleibt im Stoff. Den Nähfuß hochstellen, das Stoffteil in die neue Richtung drehen, dann den Fuß wieder senken und weiternähen.

KURVEN NÄHEN

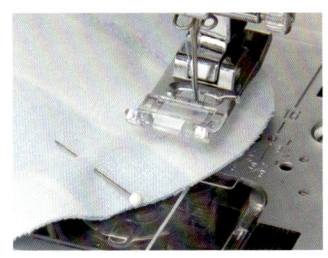

Bei leichten Kurven langsam nähen. Vor einer engen Kurve stoppen, die Nadel bleibt im Stoff. Den Nähfuß hochstellen, das Stoffteil etwas weiter drehen, den Fuß wieder senken und 1–2 Stiche per Handrad nähen. Diesen Vorgang bis zum Kurvenende wiederholen, dann normal weiternähen. Bei sehr engen Rundungen für diesen Nahtabschnitt einen kürzeren Geradstich einstellen.

NAHT AUFTRENNEN

Besonders bei Anfängern ist es ganz normal, dass Teile einmal nicht korrekt zusammengenäht werden oder eine Naht nicht an der richtigen Stelle sitzt. Dann bleibt leider nichts anderes übrig, als die Naht aufzutrennen. Dazu mit der Spitze des Nahttrenners auf der linken Stoffseite den Unterfaden anheben und mit der Schneide durchtrennen. Das Stoffteil wenden und mit dem Oberfaden genauso verfahren. Fadenreste eventuell mithilfe einer Pinzette aus dem Stoff zupfen.

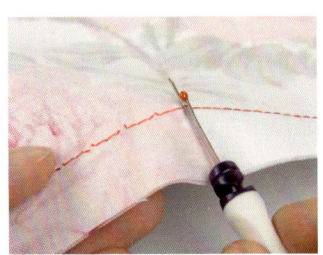 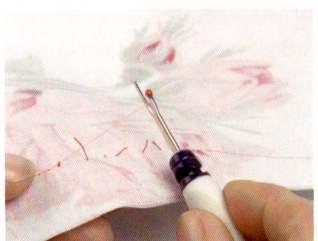

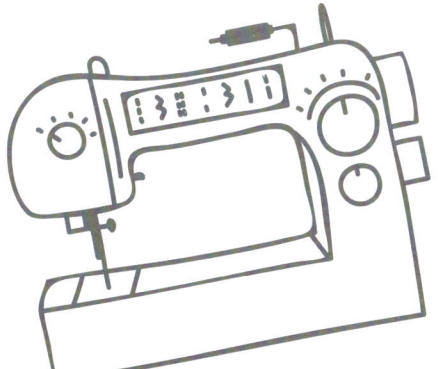

NAHTZUGABE BESCHNEIDEN

NAHTZUGABE ZURÜCKSCHNEIDEN

Vor allem bei sehr kleinen und schmalen Schnittteilen können die Nahtzugaben im gewendeten Zustand sehr auftragen und eine gute Ausformung verhindern. Daher kann es erforderlich sein, sie bis 3-4 mm vor der Nahtlinie abzuschneiden. Dabei aber immer genügend Zugabe lassen, um ein Auflösen der Naht zu vermeiden.

NAHTZUGABE EINSCHNEIDEN

Bei Rundungen und Ecken die Nahtzugabe einschneiden bzw. einkerben, sie passen sich dadurch einfach besser an die Form an. Dafür eine Schere mit scharfer Spitze verwenden und nie näher als ca. 2 mm an die Nahtlinie heran schneiden.

INNENRUNDUNGEN

Die Nahtzugabe im rechten Winkel zur Nahtlinie einschneiden. Je enger die Kurve, desto mehr Einschnitte sind erforderlich.

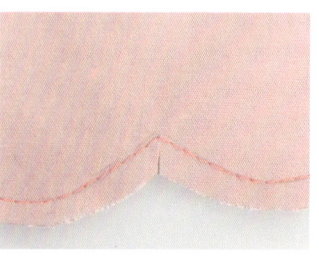

AUSSENRUNDUNGEN

Die Nahtzugabe einkerben. Effektiver als wenige große Kerben sind mehrere kleine.

INNENECKEN

Einmal bis kurz vor die Nahtlinie einschneiden, um die Nahtzugabe einschlagen zu können.

AUSSENECKEN

Die Nahtzugabe schräg abschneiden, damit sie in den gewendeten Ecken nicht aufträgt.

KANTE VERSÄUBERN UND ABSTEPPEN

VERSÄUBERN MIT DEM ZICKZACKSTICH

Die gebräuchlichste Methode, Nahtzugaben vor dem Ausfransen zu schützen, ist das Versäubern der Schnittkanten mit dem Zickzackstich. Stichbreite und -länge sollten hierbei sorgfältig auf das verwendete Material abgestimmt und am besten zuvor an einem Stoffrest ausprobiert werden. Für stark fransende Stoffe eignen sich breite Stiche in kurzem Abstand, für wenig fransende Stoffe schmale Stiche in größerem Abstand. Den Zickzackstich nahe der Stoffkante nähen, jedoch nicht darüber hinaus (siehe Foto). Dann die überstehende Stoffkante vorsichtig dicht neben den Stichen abschneiden. Normalerweise werden die Nahtzugabe aller Teile einzeln versäubert, schmale Zugaben, z.B. bei Beuteln und Taschen, können manchmal aber auch zusammen versäubert werden. Dabei kann der Stich auch über die Kanten hinausstechen.

ABSTEPPNAHT

Das Absteppen erfolgt auf der rechten Stoffseite und dient sowohl zur Verzierung als auch zum Flachhalten von Nahtzugaben, damit sie später nicht abstehen. Dafür auf der linken Stoffseite die versäuberten Nahtzugaben auf die Seite bügeln, die danach abgesteppt werden soll. Nun die Naht im Gerad- bzw. Steppstich auf der rechten Stoffseite parallel zur vorher gearbeiteten Naht nähen.
Häufig finden sich in Anleitungen die Begriffe füßchenbreit, schmal- oder knappkantig absteppen. Füßchenbreit bedeutet, dass z.B. eine eingeschlagene Stoffkante oder eine bereits vorhandene Naht exakt entlang der rechten Nähfußkante geführt wird. Der Abstand zwischen Steppnaht und Kante oder vorheriger Naht beträgt also die halbe Fußbreite (= 7,5 mm). Beim knappkantigen Absteppen parallel und ca. 1 mm neben der Kante oder Naht entlangnähen, beim schmalkantigen Absteppen ca. 2 mm.

REISSVERSCHLUSS EINNÄHEN

Reißverschlüsse kommen bei den Modellen in diesem Buch immer wieder vor. Sie sollten möglichst gut auf die Farbe und den Stoff des Modells abgestimmt sein.
Für leichtere Stoffe eignen sich vor allem Reißverschlüsse mit Kunststoffspirale. Sie sind biegsamer und zierlicher als Reißverschlüsse mit Metallzähnen, und es gibt sie in den verschiedensten Farben. Außerdem kann man sie als Meterware kaufen und auf die benötigte Länge zurechtschneiden.
Die einfachste Art, Reißverschlüsse einzunähen, ist der beidseitig verdeckte Reißverschluss.

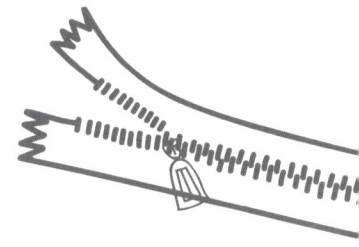

REISSVERSCHLUSS EINNÄHEN BEI UNGEFÜTTERTEN MODELLEN

1 Die Länge des Reißverschlusses ausmessen und am Stoff markieren. Die Nahtzugabe an der Schlitzöffnung oder den beiden Kanten, zwischen die der Reißverschluss eingenäht werden soll, versäubern und umbügeln. Den Stoff wenden, sodass nun die rechte Seite oben liegt.

2 Den Reißverschluss in den Schlitz legen und mit Stecknadeln so unter die Stoffkanten stecken, dass die beiden Stoffkanten genau in der Mitte über der Spirale zusammenstoßen. Den Reißverschluss sorgfältig einheften.

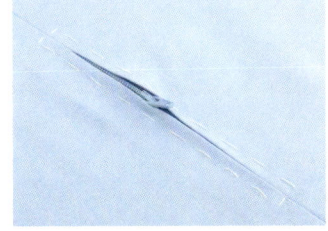

3 An der Nähmaschine den Reißverschlussfuß einsetzen. Dieser erlaubt es, ganz nahe an die Spirale oder Zähnchenreihe heranzugehen. Dann den Reißverschluss öffnen. Die linke Reißverschlusshälfte einnähen, dabei die Nadel ca. 5 mm von der Spirale oder Zähnchenreihe entfernt einstechen lassen.

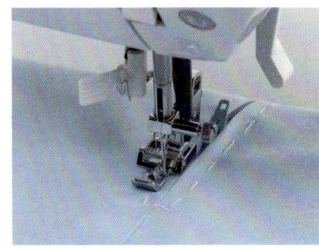

4 Ca. 2 cm vor Ende des Reißverschlusses anhalten, die Nadel im Stoff stecken lassen und den Nähfuß anheben. Den Reißverschluss schließen. Den Stoff samt Reißverschluss um 90° drehen und ungefähr 6 Stiche quer über den Reißverschluss nähen. Erneut die Nadel im Stoff stecken lassen, den Nähfuß anheben und den Stoff drehen. Den Reißverschluss wieder öffnen. Wieder in 5 mm Abstand zur Schlitzkante entlang der anderen Reißverschlussseite bis zum oberen Ende nähen. Noch einmal Stoff und Reißverschluss drehen und die letzte Quernaht nähen. Zum Schluss den Heftfaden entfernen.

WENN SIE MIT DEM REISSVERSCHLUSS einen Farbkontrast erzielen wollen, verdecken Sie ihn nicht ganz mit dem Stoff, sondern lassen die Spirale und einige Millimeter des Reißverschlussbands herausblitzen.

APPLIZIEREN

Applikationen sind fertig gekaufte oder selbst gemachte Stoffmotive, die mit der Maschine oder von Hand, z.B. mit Langettenstichen, auf Näharbeiten aufgenäht werden. Sie eignen sich hervorragend zur Dekoration oder zum hübschen Kaschieren defekter Stellen. Besonders schnell und einfach geht das Applizieren mit Vliesofix-Haftvlies, das zwei Stoffe durch Bügeln miteinander verbindet. So können ein Verrutschen des Motivs beim Aufnähen sowie Faltenbildung verhindert werden. Das Motiv kann zuvor auf die spezielle Papierbeschichtung des Haftvlieses übertragen werden. Es ist empfehlenswert, beim Bügeln ein dünnes Tuch oder Backpapier zwischen Vliesofix und Bügeleisen zu legen, damit nichts am Eisen haften bleibt.

APPLIZIEREN MIT VLIESOFIX-HAFTVLIES

1 Das Muster auf die Vliesofix-Papierseite legen und, falls nicht anders angegeben, mit Bleistift oder Kugelschreiber ohne Nahtzugabe übertragen. Bei asymmetrischen Motiven, wie z.B. bestimmten Buchstaben und Zahlen, darauf achten, dass sie spiegelverkehrt aufgezeichnet werden, damit sie später richtig erscheinen. Das Motiv großzügig ausschneiden und mit der rauen Klebeseite auf die linke Seite des Applikationsstoffes legen. Dabei den Fadenlauf beachten. Nun das Motiv mit mittlerer Temperatur ca. 5 Sekunden trocken aufbügeln und abkühlen lassen.

2 Dann das Motiv exakt entlang der Außenkonturen ausschneiden und die Papierschicht vom Vliesofix abziehen.

3 Das Motiv umdrehen und mit der beschichteten Fläche nach unten auf den gewünschten Stoffuntergrund legen. Bei niedriger bis mittlerer Temperatur und mit Dampf ca. 10 Sekunden aufbügeln. Das Bügeleisen dabei nicht schieben, sondern immer wieder abheben und schrittweise aufdrücken.

4 Das Motiv entlang der Schnittkanten mit einem kleinen und eng eingestellten Zickzackstich aufnähen und darauf achten, dass die Kanten gleichmäßig schön umschlossen und überdeckt werden. Zum Sichern der Naht keine Rückstiche nähen, sondern den Oberfaden auf die Rückseite ziehen und mit dem Unterfaden verknoten.

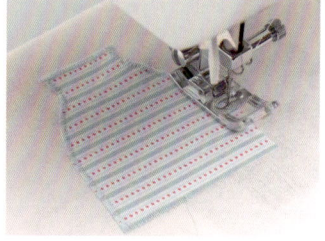

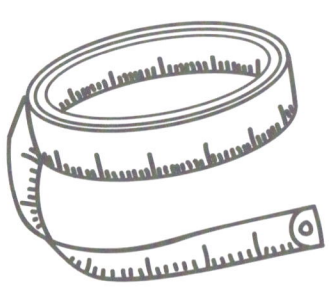

EINLAGEN

Das angebotene Sortiment an Einlagen ist sehr vielfältig. Sie werden dazu verwendet, den Modellen bzw. dem Oberstoff an bestimmten Stellen Festigkeit und Formbeständigkeit zu verleihen, sowohl bei Bekleidung als auch bei kreativen Textilarbeiten.

VLIESEINLAGEN ZUM AUFBÜGELN bestehen aus Synthetikfasern und sind in vielen Qualitäten erhältlich. Je nach Festigkeitsgrad sind sie geeignet für sehr feine Stoffe wie Seide und Viskose, leichte Stoffe wie Baumwolle und Polyester sowie mittelschwere Stoffe wie Wolle und Wildseide.

DEHNBARE EINLAGEN empfehlen sich für elastische Stoffe wie Jersey und die spezielle Ledereinlage für hitzeempfindliche Materialien wie Nappa- und Veloursleder sowie Leder- und Pelzimitate. Die weiche Einlage mit eingearbeiteten und stabilisierenden Fäden in Längsrichtung wird bei leichten bis mittelschweren Stoffen wie Wolle verarbeitet. Stabiles, festes Vlies, die sogenannte Schabrackeneinlage, wird für leichte bis mittelschwere Stoffe verwendet und eignet sich u.a. zum Verstärken von Gürteln, Taschen, Hüten und Stoffkörbchen.

VLIESEINLAGEN ZUM AUFNÄHEN verwendet man für Stoffe, die sich nur bedingt oder gar nicht für eine Bügeleinlage eignen, z.B. Plissee, Crash, Frottier und folienbedruckte Stoffe. Besonders gut sind sie verwendbar für Kleinteile wie Manschetten und Kragen an Blusen, Kleidern, Jacken usw. sowie für textile Bastelarbeiten.

VOLUMENVLIES ist je nach Verwendungszweck zum Aufbügeln oder Aufnähen erhältlich, manches zusätzlich mit spezieller Ausrüstung gegen Durchfasern. Verschiedene Dicken, vom geringen bis zum hochbauschigen Volumen, sind wählbar. Es verleiht u.a. Quilt- und Patchworkarbeiten einen wattierten Effekt sowie Taschen und Stoffbehältern eine gleichmäßige, feste Oberfläche. Außerdem wird es für warme Kleidung und plastische Steppereien eingesetzt.

FIXIER-STICKVLIES ist ein aufbügelbares Vlies zur Stabilisierung von Stickereien und Applikationen. Es verhindert besonders bei dehnbaren Stoffen ein Verziehen während des Bestickens oder Nähens.

VERSTÄRKEN MIT VLIESEINLAGE

In Schnitten und Anleitungen ist meist vorgegeben, welche Schnittteile mit welcher Art von Einlage versehen werden sollen. Aufbügelbare Einlagen sind hierbei am einfachsten zu handhaben. Sie besitzen eine gekörnte Klebeseite, die sich durch Bügeln mit dem Stoff verbindet, sodass nichts mehr verrutschen kann. Eine Bügelempfehlung ist bei den Vlieseinlagen auf dem Kantendruck zu finden. Zuerst sollte eine Probe auf einem entsprechenden Stoffrest gemacht werden, um die Haftung zu prüfen.

VLIESEINLAGE ZUSCHNEIDEN

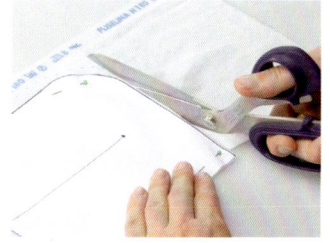

Zum Zuschneiden der Vlieseinlage die entsprechenden Papierschnittteile auf die Vlieseinlage stecken, dabei wie beim Stoff den Fadenlauf berücksichtigen. Für halbe Schnittteile die Vlieseinlage doppelt legen und das Schnittteil im Bruch feststecken.

Beim Auflegen von asymmetrischen Schnittteilen darauf achten, dass die gekörnte Klebeseite später auf die linke Stoffseite aufgebracht wird. Werden die Schnittteile auf die gekörnte Seite aufgelegt, müssen sie also umgedreht und spiegelverkehrt zugeschnitten werden.

VLIESEINLAGE AUFBÜGELN

Den Vlieseinlagenzuschnitt mit der gekörnten Seite auf die linke Stoffseite legen und nach den Bügelempfehlungen aufbügeln. Dabei gemäß Herstellerangaben Schritt für Schritt oder langsam gleitend vorgehen und an jeder Stelle einige Sekunden leicht aufdrücken. Die verstärkten Stoffteile vor der Weiterverarbeiten etwa 20 Minuten abkühlen lassen.

KNOPFLOCH UND KNOPF

MASCHINEN-KNOPFLOCH

Ein Knopfloch sollte etwa 2 mm länger sein als der Durchmesser des Knopfes. Es besteht aus zwei Längsnähten in Raupenstichen, das sind sehr enge Zickzackstiche, und zwei Querriegeln an den Enden. Die Stichlänge für die Riegel ist immer doppelt so lang wie die Stichlänge für die Raupen. Eventuell muss die Oberfadenspannung etwas verringert werden.

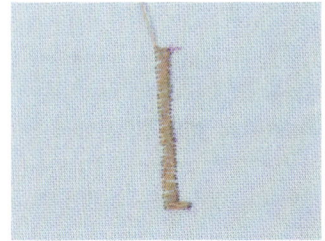

1 Länge und Lage des Knopfloches auf die rechte Stoffseite zeichnen. Einen 2–3 mm breiten, dichten Zickzackstich einstellen. Per Handrad die Maschinennadel in die linke Position bringen und links, am Beginn der ersten Längsraupe, in den Stoff führen. Nun die erste Raupe in der entsprechenden Länge nähen. Am Ende der Raupe die Nadel rechts im Stoff belassen.

2 Den Nähfuß anheben, den Stoff um 90° drehen und den Nähfuß wieder senken. Die Nadel in die obere Position bringen, die Stichbreite verdoppeln und für den Querriegel 4–6 Stiche nähen. Links stoppen und die Nadel im Stoff belassen.

3 Den Stoff nochmals um 90° drehen, die Nadel in die obere Position bringen und die Stichbreite erneut auf 2–3 mm einstellen. Die zweite Längsraupe dicht neben der ersten nähen, dabei aber darauf achten, dass sich die Stiche der beiden Raupen nicht überschneiden. Am Ende links stoppen und die Nadel im Stoff belassen.

4 Den Stoff erneut drehen und die Nadel anheben. Wieder die doppelte Stichbreite einstellen und den zweiten Querriegel nähen.
Dann die Stichbreite auf 0 stellen und zum Sichern von

Anfangs- und Endfaden einige Stiche auf der Stelle nähen. Alle Fäden auf die linke Seite ziehen und vernähen.

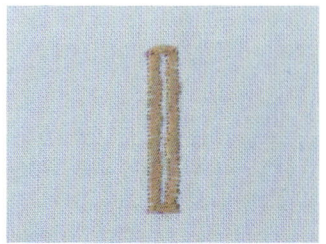

5 Innerhalb des Knopfloches vor die Riegel zum Schutz je eine Stecknadel stecken und das Knopfloch mit einer spitzen, kleinen Schere oder dem Nahttrenner aufschneiden. Die Stecknadeln entfernen.

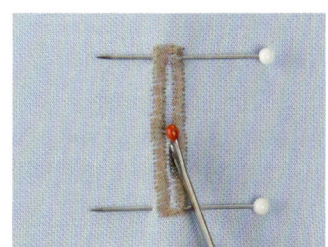

MODERNE NÄHMASCHINEN verfügen häufig über eine Automatik und einen speziellen Fuß zum Nähen von Knopflöchern. Aber auch mit dem einfachen Zickzackstich und dem Standardnähfuß gelingen schöne Knopflöcher. Vor den Löchern an der eigentlichen Näharbeit sollte immer ein Probeknopfloch auf einem Stoffrest genäht werden, um Größe, Stichlänge und Stichbreite zu überprüfen. Dafür sollten möglichst das gleiche Garn, der gleiche Stoff und eventuell auch Einlagen verwendet werden wie am genähten Modell.

BÜGELN SIE bei weichen und dehnbaren Stoffen vor dem Nähen des Knopflochs ein Stück Fixier-Stickvlies unter oder fassen Sie Seidenpapier mit, um ein Zusammenziehen des Stoffes zu verhindern. Nach dem Nähen die überstehenden Vlies- bzw. Papierränder einfach abreißen.

KNÖPFE ANNÄHEN

Sorgfältig ausgesuchte Knöpfe können einem Nähmodell interessante Akzente verleihen. Sie können mit der Hand oder der Nähmaschine befestigt werden. Vor dem Aufnähen sollten die Knöpfe probeweise aufgelegt und ihre Position markiert werden.

Flache Durchnähknöpfe mit 2–4 Löchern, die leicht auf- und zuknöpfbar sein müssen, sollten mit einem Fadensteg bzw. Stiel gearbeitet werden. Bei Stegknöpfen ist dies nicht erforderlich, da die Öse auf der Rückseite bereits als Abstandhalter dient. Reine Zierknöpfe können ganz flach aufgenäht werden.

VON HAND

1 Den Nähfaden in die Handnähnadel einfädeln, bis zur Hälfte durchziehen und beide Enden miteinander verknoten. Die Nadel von rechts durch den Stoff stechen und den Faden bis zum Knoten durchziehen.

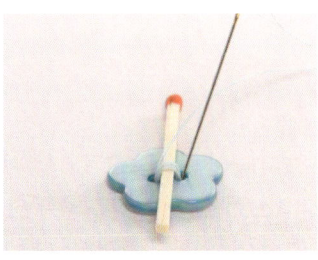

Dann 2–3 mm daneben wieder von unten nach oben ausstechen, die Nadel durch den Knopf führen und durch das zweite Loch zurückstechen.

Wird ein Steg benötigt, ein Streichholz oder einen Zahnstocher als Abstandhalter zwischen den Löchern auflegen, bevor der Faden angezogen wird. Einige weitere Stiche nähen, danach die Nadel zwischen Stoff und Knopf ausstechen.

2 Den Abstandhalter entfernen und die Fäden zwischen Knopf und Stoff dicht mit dem Faden umwickeln, um den Steg zu stabilisieren. Das Fadenende zum Sichern durch den Stiel nach oben ziehen und abschneiden.

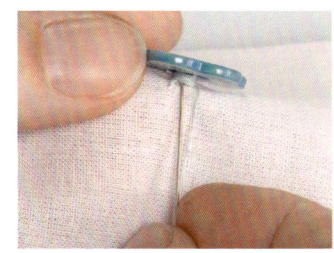

MIT DER MASCHINE

Den Knopfannähfuß einsetzen und den Zickzackstich mit Stichlänge 0 einstellen. Beim Knopf den Abstand von Lochmitte zu Lochmitte exakt ausmessen und die Stichbreite entsprechend einstellen. Die Nadel in die

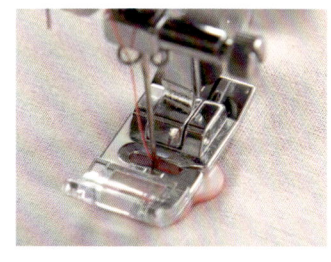

linke Position bringen und per Handrad durch das linke Knopfloch stechen. Den Fuß absenken und einige Stiche in beide Löcher nähen. Zuletzt die Stichbreite auf 0 stellen und zum Sichern der Fäden einige Stiche in das gleiche Loch nähen. Den Oberfaden zur Rückseite führen, mit dem Unterfaden verknoten und die Enden abschneiden.

Auch hier kann ein Abstandhalter aufgelegt werden. Diesen nach dem Annähen des Knopfes entfernen und Ober- und Unterfaden ca. 15–20 cm lang abschneiden. Beide in eine Handnähnadel einführen, den Steg zwischen Knopf und Stoff fest umwickeln und die Fäden zum Sichern nach oben durchziehen.

DAMIT KNÖPFE UND KNOPFLÖCHER später auch perfekt zusammenpassen, können Sie die richtige Position der Knöpfe wie folgt ermitteln: Die Verschlusskante mit den Knopflöchern links auf rechts auf die Knopfleiste legen. Eine Stecknadel mittig durch jedes Loch stecken und anschließend die Einstichstelle mit Schneiderkreide oder Trickmarker einzeichnen.

EIN SPEZIELLER KNOPFANNÄHFUSS macht das Anbringen von Knöpfen bequemer, ist aber nicht unbedingt erforderlich. Knöpfe können auch mit dem normalen Fuß oder ganz ohne Fuß nur mit den Stegen des Nähfußhalters in Position gehalten werden. Dazu den Stoff mit dem Knopf unterlegen, per Handrad die Nadel durch das linke Knopfloch einstechen und den Nähfußhalter absenken.

STOFFTEILE VERSTÜRZEN

Die Technik des Verstürzens benötigt man, wenn zwei gleiche Stoffteile später rundherum ohne eine Öffnung zusammengenäht sein sollen. Die Kanten können hierbei mit dehnbaren Bändern wie Paspeln, Schrägbändern oder Zackenlitzen betont werden.

1 Zwei Stoffteile zuschneiden und eine Wendeöffnung auf der Nahtzugabe markieren. Sollen schmale Bänder oder Zackenlitze als Kantenverzierung dienen, muss die Nahtlinie auf die rechte Seite eines der beiden Stoffteile übertragen werden, damit die Verzierung beim Nähen auch mitgefasst wird.

2 Die Verzierung ringsum entlang der Nahtlinie auf die rechte Seite eines Stoffteils aufstecken. Benötigt das fertige Modell einen Aufhänger, kann dieser gleich an der Oberseite mitgefasst werden. Das Band oder die Zackenlitze rechts knapp neben der Nahtlinie auf die Nahtzugabe heften und aufnähen.

3 Beide Stoffteile rechts auf rechts aufeinanderlegen und feststecken. Die Teile bis auf die markierte Wendeöffnung ringsum zusammensteppen, nun jedoch links neben der ersten Naht, sodass diese auf der rechten Seite nicht sichtbar ist. Unnötige Nahtzugaben auf ca. 3-7 mm Breite zurückschneiden. An der Öffnung sollten jedoch mindestens 7 mm Zugabe bleiben. Nun die Zugaben schräg abschneiden, einkerben oder einschneiden.

4 Das Stoffteil durch die Öffnung wenden, die Nahtränder nach außen ziehen und Ecken und Rundungen in Form bringen. Die Kanten bügeln, dabei darauf achten, dass die Naht genau dazwischenliegt.

5 Die Form bei Bedarf füllen und die Öffnung von Hand z.B. mit Leiterstichen schließen.

WENDEÖFFNUNG VON HAND SCHLIESSEN

Der unsichtbare Leiterstich eignet sich besonders gut zum Zusammennähen von zwei eingeschlagenen Stoffkanten, z.B. an einer kurzen, offenen Nahtstelle bei verstürzten Stoffteilen, die nur von außen zugänglich ist.

Im Bruch der gefalteten unteren Stoffkante ausstechen. Dann direkt gegenüber in die andere Bruchkante ein- und nach einer Stichlänge von ca. 6 mm ausstechen. Den nächsten Stich wieder exakt gegenüber in die untere Bruchkante einstechen, durchführen und nach gleicher Stichlänge ausstechen. Nach einigen Stichen den Faden anziehen, sodass sich die Kanten dicht zusammenfügen.

BRIEFECKEN NÄHEN

Saumecken an Tischdecken, Servietten, Läufern, Sets, Handtüchern und Belegen werden sauber und professionell mit Briefecken genäht.

1 Den Stoff fadengerade zuschneiden. Den Saum mit Briefecke nähen, dazu an allen vier Stoffseiten die Schnittkanten 1 cm breit nach links umbügeln, danach nochmal 5 cm nach links umbügeln. Den umgebügelten 5 cm breiten Saum wieder aufklappen (der schmale 1 cm breite Umschlag bleibt umgeklappt), die Bügellinien kreuzen sich.

2 Durch den Kreuzungspunkt der Bügellinien mit Trickmarker eine Diagonale senkrecht zur Stoffecke zeichnen. Ein Geodreieck ist hierbei hilfreich.

3 Die Endpunkte der gezeichneten Diagonalen mit Stecknadeln markieren.

4 Den Stoff rechts auf rechts falten, die Stecknadeln treffen aufeinander. Dann den Stoff auf der gezeichneten Diagonalen zusammenstecken und festnähen.

5 Das Dreieck bis auf 0,5 cm zur Nahtlinie zurückschneiden.

6 Die Naht auseinanderstreichen, dabei in der Ecke eine kleine Tüte falten.

7 Die Ecke wenden, den Saum knappkantig feststeppen.

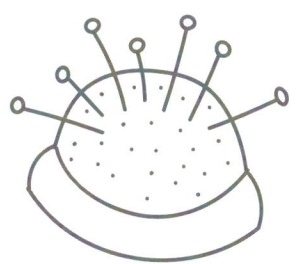

MIT SCHRÄGBAND EINFASSEN

GERADE KANTEN EINFASSEN

Zuerst vorgefalztes Schrägband der Länge nach links auf links zur Hälfte bügeln, dann gleichmäßig um die Schnittkanten der Nahtzugaben legen und feststecken. Das Schrägband mit zwischengefasster Kante an der inneren Bruchkante knappkantig feststeppen.

Für gerade Kanten kann die Einfassung auch im geraden Fadenlauf zugeschnitten werden.

ECKEN MIT SCHRÄGBAND EINFASSEN

1
Vorgefalztes Schrägband auffalten, rechts auf rechts kantenbündig auf die Vorderseite legen und bis zur Ecke feststecken, dabei an einer Seitenmitte beginnen und die ersten 2 cm nicht festnähen. Dann den Schrägstreifen füßchenbreit (7,5 mm) festnähen, jedoch eine Füßchenbreite vor der Ecke stoppen und die Naht verriegeln.

2
Das Teil um 90° nach links drehen, den Schrägstreifen nach oben klappen, dadurch legt sich eine Falte im 45°-Winkel, dann den Streifen wieder nach unten klappen, sodass die Bruchkante mit der oberen Stoffkante bündig ist.

3
Den Streifen an der Kante festnähen, dabei am oberen Rand beginnen, den Nahtanfang verriegeln. Anschließend den Streifen rundum annähen, an allen anderen drei Ecken genauso verfahren.

4
Den Schrägstreifen kürzen, 1–2 cm nach innen umfalten und unter den Anfang des Schrägstreifens schieben, Ende und Anfang des Streifens festnähen.

5
Nun den Schrägstreifen um die Kante herum auf die linke Stoffseite falten und stecken, dabei darauf achten, dass die Ansatznaht verdeckt wird. An den Ecken diagonale Falten formen.

6
Die Blende an der inneren Bruchkante von Hand mit feinen Saumstichen festnähen oder von rechts mit der Maschine feststeppen.

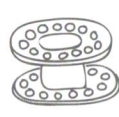

LESEZEICHEN
Seite 20

1x Oberstoff 1,
1x Oberstoff 2,
1x Vlieseinlage

⊗

leselust

Wendeöffnung

Fadenlauf

DREI
FUCHSFREUNDE
Seite 14

2x

FÜR UNTERWEGS
Seite 37

1

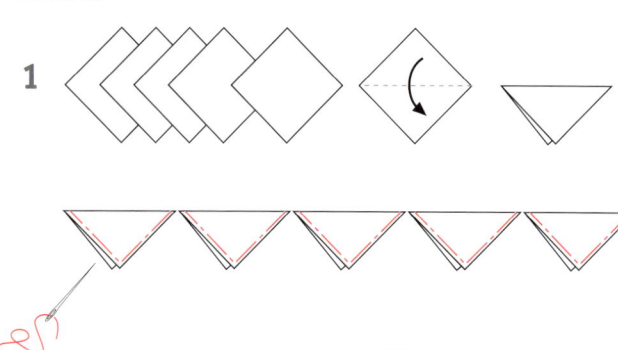

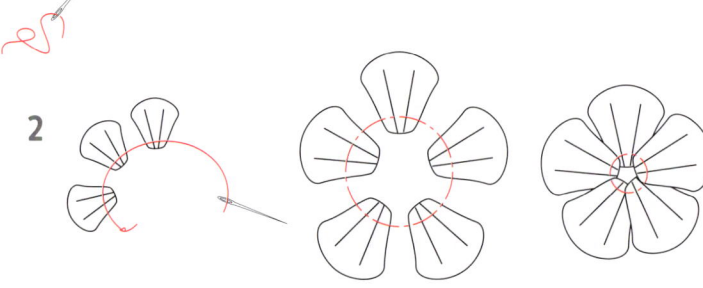

2

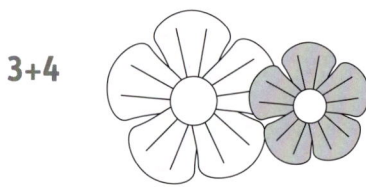

3+4

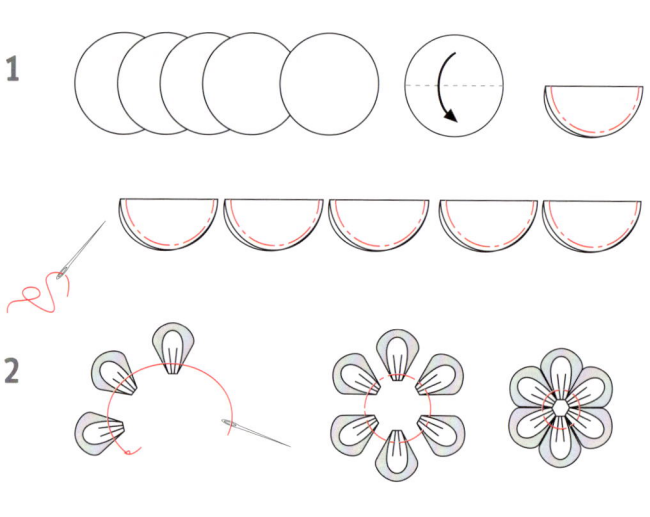

KLASSISCH ELEGANT
Seite 96

1

2

3

ZARTE HAARUMSCHMEICHLER
Seite 80

1

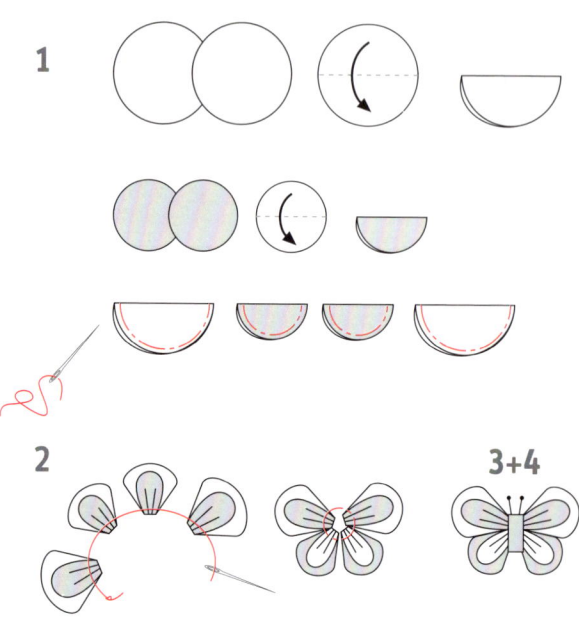

2

3+4

TISCHLÄUFER
Seite 19

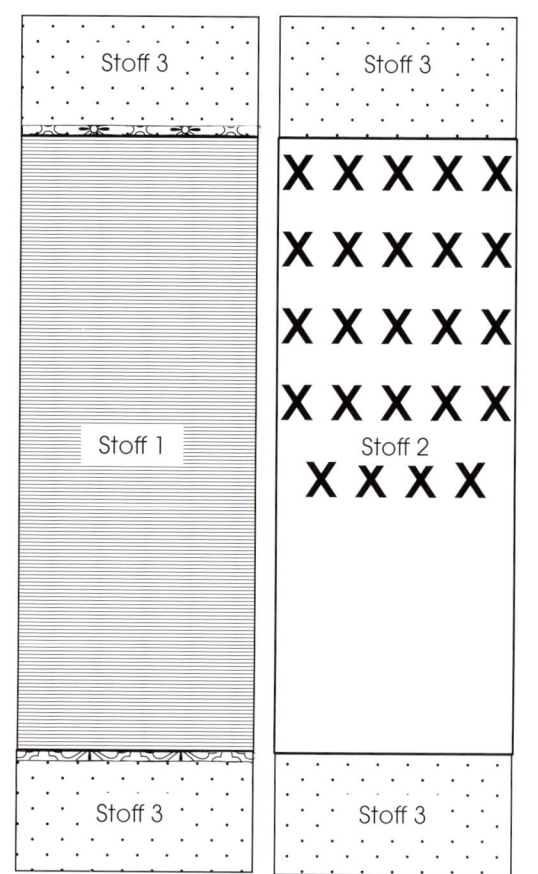

Stoff 3	Stoff 3
Stoff 1	Stoff 2
Stoff 3	Stoff 3

Maßstab 1:12

GUT ORGANISIERT!
Seite 12

Aufhänger:
2× uni Baumwolle:
10 cm × 10 cm
2× gemusterte Baumwolle (2):
10 cm × 10 cm
2× Bügelvlies 10 cm × 10 cm

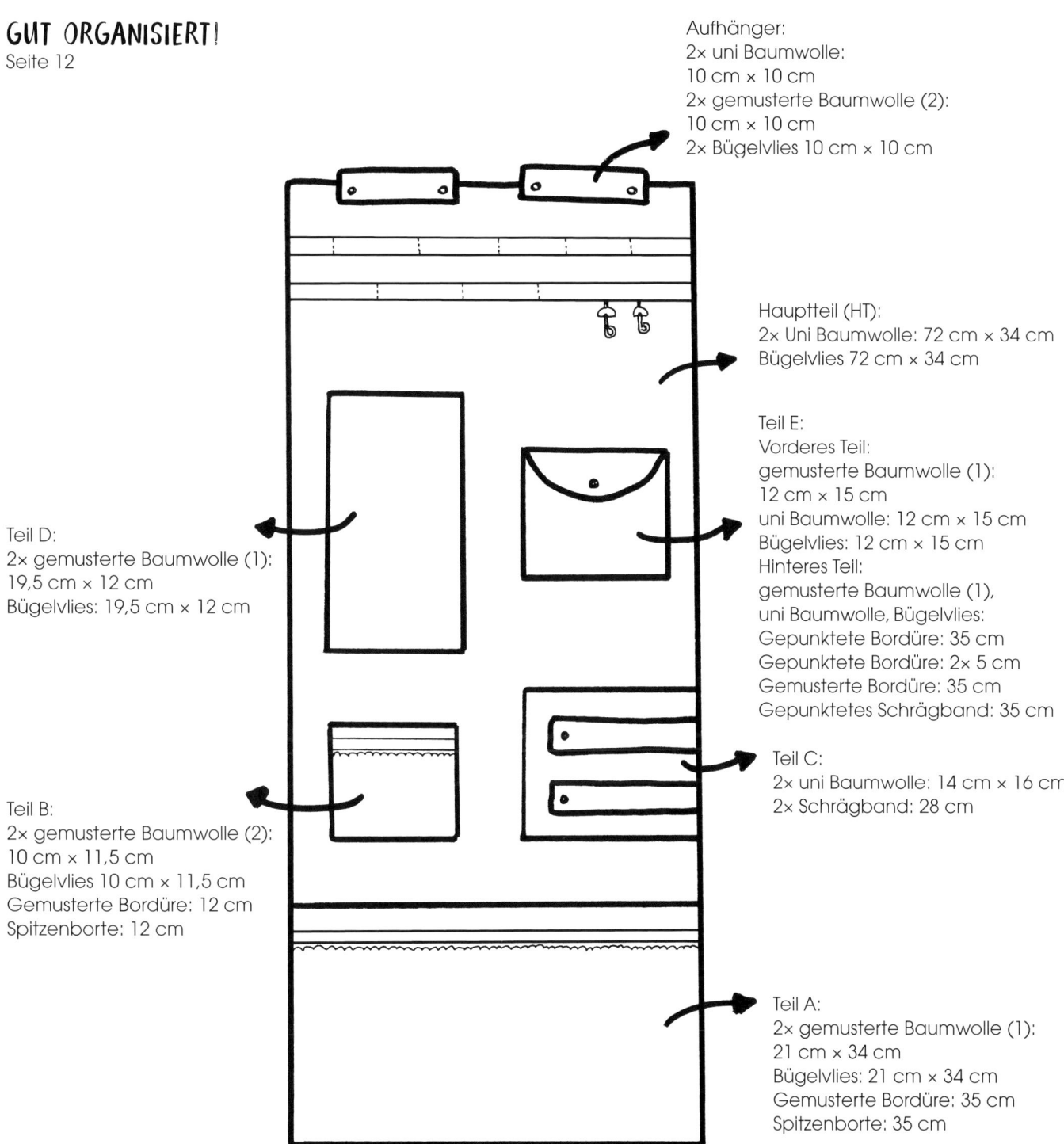

Hauptteil (HT):
2× Uni Baumwolle: 72 cm × 34 cm
Bügelvlies 72 cm × 34 cm

Teil E:
Vorderes Teil:
gemusterte Baumwolle (1):
12 cm × 15 cm
uni Baumwolle: 12 cm × 15 cm
Bügelvlies: 12 cm × 15 cm
Hinteres Teil:
gemusterte Baumwolle (1),
uni Baumwolle, Bügelvlies:
Gepunktete Bordüre: 35 cm
Gepunktete Bordüre: 2× 5 cm
Gemusterte Bordüre: 35 cm
Gepunktetes Schrägband: 35 cm

Teil D:
2× gemusterte Baumwolle (1):
19,5 cm × 12 cm
Bügelvlies: 19,5 cm × 12 cm

Teil C:
2× uni Baumwolle: 14 cm × 16 cm
2× Schrägband: 28 cm

Teil B:
2× gemusterte Baumwolle (2):
10 cm × 11,5 cm
Bügelvlies 10 cm × 11,5 cm
Gemusterte Bordüre: 12 cm
Spitzenborte: 12 cm

Teil A:
2× gemusterte Baumwolle (1):
21 cm × 34 cm
Bügelvlies: 21 cm × 34 cm
Gemusterte Bordüre: 35 cm
Spitzenborte: 35 cm

Buchempfehlungen für Sie

TOPP 6448

ISBN 978-3-7724-6448-5

TOPP 6467

ISBN 978-3-7724-6467-6

TOPP 6450

ISBN 978-3-7724-6450-8

TOPP 6444

ISBN 978-3-7724-6444-7

TOPP 6976

ISBN 978-3-7724-6976-3

TOPP 6978

ISBN 978-3-7724-6978-7

TOPP 6465

ISBN 978-3-7724-6465-2

TOPP 6413

ISBN 978-3-7724-6413-3

TOPP 6453

ISBN 978-3-7724-6453-9

TOPP 6469

ISBN 978-3-7724-6469-0

TOPP 6455

ISBN 978-3-7724-6455-3

TOPP 7919

ISBN 978-3-7724-7919-9

Weitere Ideen zum Selbermachen gesucht?

Lieblingsstücke von einfach bis einfach genial finden Sie bei TOPP!
Lassen Sie sich auf unserer Verlagswebsite, per Newsletter
oder in den sozialen Netzwerken von unserer Vielfalt inspirieren!

Website
Verlockend: Welcher Kreativratgeber soll es für Sie sein? Schauen Sie doch auf **www.TOPP-kreativ.de** vorbei & stöbern Sie durch die neusten Hits der Saison!

TOPP-Autoren
Sie wollen wissen, wer die „Macher" unserer Bücher sind? Wer Ihnen nützliche Tipps & Tricks gibt? Auf **www.TOPP-kreativ.de/Autor** warten jede Menge spannender Infos zum jeweiligen Autor auf Sie. Finden Sie heraus, welches Gesicht hinter Ihrem Lieblingsbuch steckt!

Facebook
Werden Sie Teil unserer Community & erhalten Sie brandaktuelle Informationen rund ums Handarbeiten auf **www.Facebook.com/Mitstrickzentrale**
Wer sich für Basteln, Bauen, Verzieren & Dekorieren interessiert, ist auf **www.Facebook.com/Bastelzentrale** genau richtig!

Pinterest
Sie sind auf der Jagd nach den neusten Trends? Sie suchen die besten Kniffe? Die schönsten DIY-Ideen? All' das & noch vieles mehr gibt es von TOPP auf **www.Pinterest.com/Frechverlag**

Newsletter
Bunt, fröhlich & überraschend: Das ist der TOPP-Newsletter! Melden Sie sich unter: **www. TOPP-kreativ.de/Newsletter** an & wir halten Sie regelmäßig mit Tipps & Inspirationen über Ihr Lieblingshobby auf dem Laufenden!

Extras zum Download in der Digitalen Bibliothek
Viele unserer Bücher enthalten digitale Extras: Tutorial-Videos, Vorlagen zum Downloaden, Printables & vieles mehr. Dieses Buch auch? Dann schauen Sie im Impressum des Buches nach. Sofern ein Freischaltcode dort abgebildet ist, geben Sie diesen unter **www.TOPP-kreativ.de/DigiBib** ein. Nach erfolgreicher Registrierung erhalten Sie Zugang zur digitalen Bibliothek & können sofort loslegen.

YouTube
Sie wollen eine ganz neue Technik ausprobieren? Sie arbeiten an einem spannenden Projekt, aber wissen nicht weiter? Unsere Tutorials, Werbetrailer, Interviews & Making Of's auf **www.YouTube.com/Frechverlag** helfen Ihnen garantiert dabei, den passenden Ratgeber von TOPP zu finden.

Instagram
Sie sind auf Instagram unterwegs? Super, TOPP auch. Folgen Sie uns! Sie finden uns auf **www.Instagram.com/Frechverlag**
Möchten Sie uns an Ihrem Lieblingsprojekt teilhaben lassen? Am besten posten Sie gleich ein Foto mit dem Hashtag **#frechverlag** & wir stellen Ihr Werk gerne unserer Community vor – yeah!

Alles in einer Hand gibt's hier:

Kreativ-Bücher finden Sie auf www.TOPP-kreativ.de

NÄHZEITFAKTOR

Diese Projekte passen zwischen Vormittags-Termin und Nachmittags-Verabredung, in die Mittagsschlafzeit der Kleinen oder in ein bis zwei gemütliche Abendstunden an der Nähmaschine.

Sie haben endlich mal Zeit für einen Nähnachmittag oder -abend? Dann sind diese Modelle perfekt geeignet, um eine schöne Näh-Auszeit einzulegen.

Für diese Projekte sollten Sie etwas mehr Zeit einplanen: Gönnen Sie sich einen ganzen Tag nur für sich und Ihre Nähmaschine, oder reservieren Sie gleich ein ganzes Wochenende.

Hilfestellung zu allen Fragen, die Materialien und Kreativbücher betreffen:
Frau Erika Noll berät Sie. Rufen Sie an: 05052/911858*   *normale Telefongebühren

MODELLE: Julia Bräunig (S. 73), Miriam Dornemann (S. 10, 16, 20, 30, 34, 46, 49, 52, 56, 70, 90, 94), Christiane Hübner (S. 37, 80, 96), Astrid Janßen-Schadwill (S. 32, 38), Nadja Knab-Leers (S. 8, 22, 100), Birgit Kaufmann (S. 54), Martina Konecny (S. 12), Beate Mannes (S. 42, 62, 64, 86, 93, 102, 106), Pia Pedevilla (S. 14), Karin Roser (S. 6, 24, 28, 40, 59, 66, 76, 81, 82, 84, 98, 104), Eva Scharnowski (S. 19), Bettina Zweng (S. 78)

FOTOS: frechverlag GmbH, 70499 Stuttgart; lichtpunkt Michael Ruder, Stuttgart

PRODUKTMANAGEMENT: Katrin Akyol

LEKTORAT: no:vum, Susanne Noll, Hennef

LAYOUT: Petra Theilfarth

DRUCK UND BINDUNG: Neografia, Slowakei

1. Auflage 2017

© 2017 frechverlag GmbH, Turbinenstraße 7, 70499 Stuttgart

ISBN 978-3-7724-6485-0 • Best.-Nr. 6485